KB165748

아이들이
사회를 만날 때

속마음
시리즈
___01

아이들이
사회를 만날 때

대한소아청소년정신의학회 기획
이현정 · 김양석 · 문덕수 · 김효원 · 김현진 · 송숙형 · 권국주 · 송지혜 지음

글항아리

사회성에 대한 해답은 물론, 양육에 대한 혜안을 담다

아이를 잘 키운다는 것은 마음이 편한 아이로 키우는 것이다. 그리고 그 중심에는 언제나 '사회성'이 있다. 마음은 '관계'에서 너무나 많은 영향을 받기 때문이다. 그토록 교육열이 뜨거운 부모들조차 아이가 학교에 들어가면 의외로 '공부'보다 '사회성'에 대해서 걱정한다.

그런데 그러잖아도 고민스러운 '사회성'이, 코로나 바이러스로 아이들이 1년 남짓 학교를 제대로 못 가게 되면서 비상이 걸렸다. 처음 한두 달은 '친구를 보고 싶다, 친구와 놀고 싶다, 학교에 가고 싶다'고 아우성치던 아이들이, 이제는 친구에도 학교에도 심드렁해졌다. 사회성 발달에 큰 역할을 하는 '친구', 중요한 장소인 '학교'에 관심이 없어진 것이다.

어느 때보다 아이들의 사회성 발달에 대한 관심이 절실한 시점에 이 책의 출간은 얼마나 반가운 소식인지 모른다. 이 책은 8명의 소아청소년정신건강의학 전문의들이 그들의 생생한 임상 경험을 담아 '사회성'에 대해서 이론적으로 꼼꼼하고도 현실적으로 친절하게 설명하고 있다. '사회성'에 대해 다각도로 접근해 전문적인 정보와 함께 양육에 대한 근본적인 물음을 던지며, 다양한 시선과 명쾌하고 따뜻한 조언까지 담고 있다.

아이의 사회성이 걱정이라면 첫 장부터 마지막 장까지 꼭꼭 씹어 정독하기를 간곡히 권한다. 책 속의 많은 아이 가운데 내 아이 혹은 내 아이의 친구들을 발견할 수 있을 것이다. '사회성'에 대한 해답은 물론, '어떻게 아이를 키워야 하는가'에 대한 커다란 혜안도 얻을 수 있을 것이다.

'사회성'에 대해서 때로는 심도 있게, 때로는 재미있게, 때로는 마음 울리게, 때로는 통쾌하게 다룬 이 책이 나는 참으로 고맙다. 이 책의 글귀처럼 어떤 상황에서도 아이에게는 '부모는 나의 힘'이라는 사실을 많은 부모가 기억해줬으면 좋겠다.

오은영(소아청소년정신건강의학과 전문의, 『어떻게 말해줘야 할까』 저자)

　대부분의 부모는 내 아이가 사회성 있는 사람으로 자라길 바랍니다. 그래서 다른 아이들과 어울릴 기회를 만들고 어른들에게 예의 바르게 행동하라고 가르칩니다. 보통 말 잘하는 아이, 친구들과 잘 노는 아이가 뛰어난 사회성을 지닌 것처럼 보입니다. 그러나 아이의 사회성은 아이가 말을 배우기 훨씬 전부터 마음속에 이미 자라기 시작합니다. 말로 표현하는 사회성은 피라미드 꼭대기의 돌 하나와 같습니다. 견고한 피라미드를 위해서는 꼭대기에 있는 하나의 돌을 받쳐주는 아랫돌들이 튼튼해야 합니다. 다른 사람이 나를 싫어하고 해칠 거라고 생각하는 아이라면 타인을 경계하거나 그들 앞에서 위축될 것입니다. 반대로 다른 사람에 대해 호의와 신뢰를 갖고 있는 아이라면 그들과 적극적으로 어울리는 게 더 쉬울 것입니다.

사람에 대한 긍정적인 기대와 믿음은 태어난 직후부터 아기의 마음속에 뿌리를 내립니다. 누가 가르쳐주지 않아도 신생아가 젖을 빨듯이 아기는 태어나자마자 다른 사람의 얼굴을 보고 표정을 흉내 냅니다. 표정은 감정이지요. 아기는 다른 사람의 감정을 읽는 능력을 갖고 있습니다. 소통의 기본 틀을 이미 타고나는 겁니다. 아기의 소통 능력은 어른의 안아주고 얼러주는 신체 접촉, 밝고 부드러운 목소리, 돌봄 등을 통해 더욱 발달합니다. 기저귀가 젖었을 때의 불쾌함, 배고픔, 추위나 더위 등의 불편함을 금방 해소해주는 어른의 손길은 아기를 행복하게 합니다. 행복한 아기는 자신을 돌보는 어른과 안정적인 애착을 형성하면서 타인과 세상에 대해 기분 좋은 신뢰감을 쌓습니다. 즉 사회성의 첫 단추는 자신을 돌보는 부모와의 안정적인 애착입니다.

태어난 지 1년, 아기가 첫 단어를 시작하는 돌 무렵이 되면 이미 마음속에는 타인과 세상에 대한 기본적인 신뢰와 믿음 같은 사회성의 주춧돌이 든든하게 자리를 잡고 있습니다. 이 주춧돌 위에 타인과 어울리는 더 세련되고 분화된 방법들을 세워갑니다. 아이들이 코로나19로 인해 집에 있는 시간이 늘면서 다른 아이들과 어울릴 기회가 줄었습니다. 그러자 아이의 사회성이 떨어지는 것 아니냐며 걱정하는 부모님이 많아졌습니다. 혼자 놀면서 사회성이 발달하긴 어려우니 걱정은 당연해 보입니다. 그러나 다른 아이들과 어울리지 못해 사회성이 자라지 못할 거라고 염려할 필요는 없습니다. 다른 아이들과 어울리며 배울 사회성은 분명히 있습니다. 그렇더라도 아이의 사회성에서 가장 중요한 부분은 부모와의 관계에서 형성되며 그로부터 생긴 자기 자신, 타인 그리고 세상에 대한 신뢰가 핵심입니다.

다른 사람과 잘 어울리려면 말을 잘해야 하지만 때로는 말을 아끼기도 해야 합니다. 양보해야 할 때도 있지만 자기주장을 적절하게 펼 줄도 알아야 합니다. 아이의 사회성은 때와 장소, 그리고 연령에 맞게 발달해야 합니다. 이 책은 사회성의 뿌리와 그것이 자라나는 과정, 그리고 그것을 키워가는 방법에 대한 이야기를 담고 있습니다. 이 책의 저자들은 소아청소년정신건강의학과 의사들입니다. 의과대학을 졸업하고 의사가 된 후 다시 소아청소년정신건강의학을 공부하며 풍부한 임상 경험을 쌓았습니다. 그들이 아이들의 사회성 발달에 대해 A부터 Z까지 정리했습니다.

대한소아청소년정신의학회는 소아·청소년들의 정신 건강을 증진시키고 정신장애의 예방과 치료에 힘쓰며, 소아·청소년 그리고 가족의 삶의 질 향상을 위해 노력하는 전문가들의 모임입니다. 학회 회원들은 아동·청소년의 정신 건강이나 발달에 대한 올바른 정보를 전달할 필요성을 절감해왔습니다. 여러 매체와 경로를 통해 바른 정보를 알리고자 다양한 활동을 했습니다. 이러한 바람과 활동의 연장선상에서 이번에 아동·청소년의 정신 건강을 바르게 알릴 책을 시리즈로 기획하게 됐습니다. 사회성 발달을 주제로 한 이

책이 기획 시리즈의 첫 권입니다.

모쪼록 이 책이 아동·청소년의 발달에 관심을 갖고 그들을 양육하며 치료하고 교육하는 모든 분에게 실질적인 도움이 되기를 바랍니다.

대한소아청소년정신의학회 이사장

신동원

　호모 소시올로지쿠스Homo Sociologicus. 사회적 존재인 인간을 뜻하는 말이다. 다른 사람과 함께 어울리고, 감정과 관심사를 나누며, 이해받고 위로받고 싶은 욕구는 누구나 갖고 있는 마음이다. 그러나 다른 사람과 어울리고 싶어하는 욕구나 관계 속에서 위안을 받는 정도는 개인마다 다르다. 또 다른 사람과 관계를 맺는 데 필요한 능력도 개인마다 다 다르다.

　세상에는 키가 큰 사람도 있지만 작은 사람도 있고, 수영을 잘하는 사람도 있지만 물을 보기만 해도 겁을 내는 사람이 있으며, 절대음감을 가진 사람도 있지만 음치인 사람도 있다. 우리는 이런 차이를 두고 문제라거나 병이라고 생각하지 않는데, 이는 저마다 다른 고유한 특징이라 여기기 때문이다. 그런데 우리는 유독 아이들의 사회성에 있어서만큼은 높은 기준을 적용하곤 한다.

교실에서 인기가 많은 아이여야 하고, 단짝 친구도 있어야 하며, 눈치는 없어서는 안 되고, 문제를 일으키지도 않아야 한다. 교실에서 혼자 조용히 있는 아이는 '사회성이 부족한' '뭔가 문제 있는 아이'로 취급받는다. 친구가 별로 없거나 따돌림 당하는 아이의 엄마도 마찬가지로 '아이를 잘못 키운' '모자란' 엄마 취급을 받는다.

대한소아청소년정신의학회에서 아이의 '속마음 시리즈'를 펴내면서 기획위원회가 첫 주제로 '아이의 사회성'을 꼽은 것은 이런 아이들과 부모를 위로하고 싶은 마음에서였다. 사회성과 관련된 여러 능력은 영유아기부터 시작해 가족 및 사회와 관계를 맺으면서 자라난다. 이 책에서는 아이가 사회와 관계 맺는 능력들이 어떻게 자라는지 다양한 발달 이론과 신경과학의 입장에서 정리하고, 단계별로 아이의 사회성 발달을 돕기 위해 부모가 할 수 있는 일들에 대해서 나누고자 했다. 또한 아이들 사회에서 가장 큰 어려움 가운데 하나인 학교폭력에 대해서도 다루었다.

그러나 아이와 부모가 다양한 방법을 통해서 아무리 노력해도 여전히 친구를 사귀거나 다른 아이들과 편안하게 어울리는 것이 어려울 수도 있다. 그럴 때는 키나 음감, 운동능력처럼 사회성도 아이들이 가진 다양한 특징 가운데 하나라고 이해하고 인정하는 것이 필요할 수 있다. 아이의 사회성은 아이와 부모만의 숙제가 아니며, 아이는 자신을 이해해주는 사회 안에서 건강히 자란다. 이 책이 사회

속에서 어려움을 겪고 있는 아이와 부모에게 위로가 되기를, 우리 사회가 다양한 아이들을 인정하고 받아들이는 데 도움이 되기를 바란다.

대한소아청소년정신의학회 기획이사

김효원

차 례

1장

"어떤 일이 일어나도 내 옆에 있어줄 거잖아"

마음의 출현, 사회성의 시작

이현정

사회성이란 다른 사람과 관계를 맺고 싶어하는 마음, 맺은 관계를 잘 유지하는 능력을 말한다. '타인과 함께 있고 싶어하는 경향, 타인과 의사소통하고 관계를 주고받는 데 사용되는 언어적·비언어적 역량'이라는 교과서적 정의도 이와 비슷하다.

관계에는 정의상 그 관계를 맺는 나와 상대방이 존재한다. 그러고 나서 '둘 사이의 관계'가 존재한다. 내가 누구인지, 상대방은 어떤 사람인지, 세상은 어떤 곳인지에 대한 기본적인 틀은 아기가 태어나자마자 맺는 엄마와의 관계를 통해 빚어진다. 이때 만들어진 나에 대한 이미지와 대상의 이미지, 관계의 기본 생김새가 평생 지속되며 아이의 자존감을 형성하고 사회성의 기초가 된다.

"어떤 일이 일어나도 내 옆에 있어줄 거잖아"

정신분석의 창시자인 지그문트 프로이트는 사람이 인식하는 자아가 주로 신체적 자아로 이루어져 있다고 했다. 모든 심리적 경험은 신체 경험과 연관해서 발달한다는 의미다. 신체, 무엇보다 신체의 표면이 내적·외적 지각이 일어나는 지점이며, 여기서 신체적 자아가 생겨나고 이는 심리적 자아의 형성과도 연관되어 있다.

아기는 태어나자마자 신체에 대한 심리적인 경험을 한다. 갓난아기가 반응하는 기초 감각은 평형, 긴장, 자세, 온도, 피부 및 신체 접촉, 리듬, 음의 고저 같은 것이다. 아기는 이런 신체 내부의 감각들, 특히 생리학적 전문 용어로 고유수용성 감각이라 불리는 것을 통해 자기 감각을 경험한다. 촉각, 그다음에는 시각과 청각이 중요한 영향을 미친다.

초기에는 촉각이 매우 중요하다. 아기는 안기고 싶을 때 안겨야 하고, 신체 접촉이 필요할 때마다 접촉을 해야 한다. 신체 접촉의 중요성은 발달심리학자인 해리 할로의 붉은털 원숭이 실험을 통해서도 잘 알려져 있다. 갓 태어난 원숭이를 어미로부터 격리시킨 뒤 철사로 되어 있지만 우유가 나오는 어미와, 헝겊으로 덮여 있지만 우유가 없는 어미 중 어느 쪽을 선택하는지를 알아봤다. 놀랍게도 새끼 원숭이들은 하나같이 우유는 없어도 폭신하고 따뜻한 헝겊 어미를 택했다. 배가 고프면 잠시 철사 어미에게서 우유를 먹은 뒤 다시

헝겊 원숭이
아기들은 우유보다 부드러운 신체 접촉을 훨씬 더 필요로 한다.
해리 할로의 원숭이 실험 장면.

헝겊 어미 곁으로 돌아왔고, 무서운 상황이 연출되면 헝겊 어미에게로 갔다. 철사 어미 쪽에서 자라게 한 새끼 원숭이들은 놀이에 관심이 없고 난폭함을 드러냈다.

어느 평범한 아기의 일상을 떠올려보자. 엄마가 아기를 안고 젖을 먹인다. 아기는 프로이트가 말한 것처럼 신체적 경험을 통해 심리적 경험을 한다. 안아주는 엄마의 품은 따뜻한 온도를, 맞닿아 있는 피부는 보드라운 감촉을 느끼게 해준다. 한편 엄마 몸과의 접촉은 '내 몸'의 경계를 구분 짓게 해준다. 리듬과 고저를 가진 엄마의 온화한 목소리가 청각을 자극하고, 엄마 젖은 따뜻하게 '내 안'으로 들어와 배를 불려준다. 포만감이 든다. 둥개둥개 해주는 엄마의 움직임은 안정감 주는 진동을 느끼게 만든다. 엄마가 아기 얼굴을 들여다보며 '아이구, 우리 아가 배불러서 기분이 좋구나' 하고 말해주면 아기는 '아, 이게 기분 좋은 거구나' 하며 자신의 내적 경험을 확인한다.

이와 비슷한 다양한 경험이 쌓이면서 아기는 신체 경계와 자신의 내적 상태를 반복적으로 확인하며 이것이 신체적인 나(혹은 자기)로 통합된다. 신체적 자기가 잘 통합되면 이는 자기감sense of self을 형성하는 기반이 된다. '나'라는 것을 알게 되는 것이다. 이 신체적 자기는 심리적 자기에 관한 내적 감각을 형성하는 데 있어서도 기초가 되어준다. 단단하게 잘 통합된 자기는 아이로 하여금 내적인 통일성과 지속성을 느끼게 해준다. 어떤 때이든, 어느 곳에서 어떤 상태에 있든 '나는 나다'라는 느낌을 갖게 해주는 것이다.

아기는 주위의 환대, 평화롭고 따뜻한 목소리들을 듣는다. 정답게 소곤거리는 소리, 감탄사들, 안전함을 보장해주는 확신에 찬 목소리……. 아기는 따뜻한 눈길로 자신을 바라보는 엄마의 얼굴을 마주본다. 인생의 아주 초기에 아기는 자신과 엄마가 연결되어 있다고 느낀다. 반복적인 신체 경험을 통해 나와 엄마가 분리되어 있다는 것을 점차 깨닫는 것은 시간이 훨씬 더 흐른 뒤의 일이다. 자아가 존재하는 것을 의식적으로 알게 되기까지, 자아의 경계가 명확해지기까지는 시간이 필요하다. 아이가 자아를 확립하기 위해서는 거울같이 자신의 모습을 비춰주는 엄마의 눈과 엄마의 목소리가 있어야 한다. 엄마는 나를 비추는 거울이 된다. 엄마가 나에 대해 느끼는 대로 아기는 자기 자신에 대해 느끼는 것이다. 따라서 엄마가 아이에 대해 어떻게 느끼는지가 중요하다. 하인즈 코헛은 인정하고 받아들여주는 엄마의 거울반응이 부족하면 아이는 자존감과 자신감이 낮은 자기애적 성격이 된다고 했다.

아이들은 배고프거나 추울 때, 불안하거나 억울할 때도 엄마를 필요로 한다. 아기가 자신의 존재를 아껴주는 신뢰할 수 있는 엄마를 경험하면, '엄마는 내가 필요할 때마다 있어줘. 앞으로도 그럴 때마다 있어줄 거야'라는 마음으로 '세상은 우호적이다' '세상은 신뢰할 만한 곳이다'라는 느낌을 갖게 된다. 엄마와 세상에 대해 기본적인 믿음을 갖게 되는 것이다. 이러한 근본적인 신뢰의 형성은 에릭 에릭슨이 말한 인생 최초의 발달 과제다. 여기서 실패하면 세상에 대한 불신이 생긴다. 세상은 나에게 우호적이거나 믿을 만한 곳이 아니며 따라서 나는 우호적인 대접을 받지 못하는 가치 없는 사람이라고 여기게 된다.

세상에 대한 기본적인 신뢰감은 자아에 힘을 실어준다. 이러한 힘은 타인과 세상에 대해 긍정적인 기대를 갖게 한다. 만약 세상이 기본적으로 믿을 만하다면 내가 필요로 하는 것들이 이 세상에 존재한다는 것을 믿을 수 있다.

메리 에인스워스는 엄마가 아이를 위해 만들어주는 심리적으로

"어떤 일이 일어나도 내 옆에 있어줄 거잖아"

안전한 환경을 묘사하기 위해 '안전기지secure base'라는 말을 사용했다. 아이는 아프거나 몸이 힘들거나 무서우면 엄마에게 매달린다. 마음에의 위협이 지나가면 엄마가 존재한다는 사실 때문에 아기는 다시 놀 수 있고 휴식하며 세상을 탐색할 수 있지만, 이는 아기가 엄마를 다시 필요로 할 때 엄마가 거기 있으리라는 점을 확신하고 있어야 가능하다. 안전한 안식처가 있음을 믿어야 아이는 든든한 마음으로 세상을 탐색하러 앞으로 걸어나갈 수 있고 닥쳐오는 고난들을 견뎌낼 수 있는 것이다. 힘들 때 돌아갈 수 있는 안전기지인 엄마가 마음속에 존재하지 않으면 아이는 엄마로부터 떨어질 수 없다.

이것은 성인에게도 똑같이 적용된다. 우리는 우리가 잘 알고 신뢰하는 사람과 함께 있을 때 안전하다고 느끼며, 이처럼 안전한 환경 속에서 이완되어 놀고, 일하거나 목적을 추구할 수도 있다.

엄마의 불안을 자기 것으로 삼은 지호

진료실에서 만난 지호는 여섯 살 난 남자아이다. 엄마는 지호가 충격을 받았을 것 같아 병원에 데려왔다고 했다. 지호 엄마는 처음에는 자세한 설명을 꺼리며 말을 아꼈다. 다만 한 달 전 부부싸움을 심하게 하는 장면을 아이가 목격했고, 아이 아빠와 이혼하기 위해 지금은 지호와 세 살 아래 남동생을 데리고 친정에 와 있다고만 했다. 어차피 앞으로 친정에서 지낼 테니 그 근처로 유치원을 옮겨서 보냈는데 성격이 밝고 어른스러웠던 지호답지 않게 영 적응을 못한다고 했다. 유치원 선생님은 아이가 활동에 잘 참여하지 않으려 하고 친구랑 친해지는 걸 어려워하는 것 같다는 소견을 들려주었다. 생전 그러지 않았던 지호가 요즘엔 유치원에 가고 싶지 않다는 이야기도 한다고 했다.

지호는 놀이치료에 들어오면서 바로 슈퍼 히어로 놀이를 시작했다. 슈퍼 히어로의 이름은 영웅이라고 했으며 세상에는 영웅이의 도움을 필요로 하는 일이 많이 일어나고 있었다. 어떤 집에서 불이 나 가족들이 애타게 살려주세요! 살려주세요!를 외치면 영웅이는 얼른 달려가서 가족들을 구했다. 그 일이 미처 끝나기도 전에 저쪽에서는 아기가 나무에 위태롭게 매달린 채 울고 있어 영웅이는 그 아기가 떨어지지 않게 구해주러 헐레벌떡 달려갔다. 어느 날은 치료자(나)에게 작은 토끼가 되도록 해, 사자에게 쫓기며 영웅이에게 도와줘! 살려줘! 하는 말을 하라고 했다. 한번은 화산이 폭발해서 마그마가 마을을 덮칠 듯한 위험이 닥쳐오자 영웅이는 커다란 바위들을 들어다가 방어벽을 쌓음으로써 마그마가 마을을 태워버리지 않도록 막았다. 내가 지호에게 "영웅이의 세상에는 위험한 일이 너무 많이 일어나고, 도와줘야 하는 사람이 많아서 힘들어 보인다"고 하자 지호는 영웅이는 슈퍼 히어로이기 때문에 힘들지 않다고 말했다. 지호의 슈퍼 히어로 놀이는 여러 회기 동안 반복되었다. 하루는 내가 "영웅이도 어떤 때는 쉬고 싶고, 영웅이가 얼마나 힘든지 알아주며 도와주는 누군가가 있기를 바랄 것 같다"고 이야기하자 지호는 생각에 잠긴 듯한 표정을 지었다. 점차 지호는 치료자에게 영웅이의 도움이 필요한 약한 토끼가 아니라 영웅이와 함께 위기를 막는 다른 히어로의 역할을 하도록 해주었다. 어떤 때는 영웅이가 나(치료자)의 히어로와 배턴 터치를 하고 '자! 이제는 네가 도와줘!'라고 한 뒤 잠시 쉬기도 했다. "선생님은 여자라서 제가 도와줘야 돼요"라며 이전에 역할을 절대 주지 않던 것과는 사뭇 달라진 모습이었다.

얼마쯤 시간이 흐른 뒤 지호의 놀이 테마는 트럭에 음식을 실어 나르는 것으로 바뀌었다. 진료실 소파 밑에 자기 몸을 가까스로 누일 수 있는 공간이 있다는 것을 발견한 지호는 그 뒤로는 놀이치료 회기가 시작되자마자 그 밑으로 들어가 웅크리고 있는 것을 좋아했다. 거기에 있는 느낌이 어떤지 내가 묻자 지호는 아늑하다고 했다. 지호는 장난감들을 이용해 벽을 세우고 장난감 트럭 하나가 왔다갔다할 수 있는 통로만 남겨두었다. 그런 뒤 팔만 쓱 뻗어 트럭을 내민 뒤 트럭 뒤에 자신이 원하는 먹을 것들을 나로 하여금 담게 했다. 내가 장난감 과일이며 빵을 담아주면 지호는 기다란 상담용 소파 밑에 여전히 숨어 얼굴을 노출하지 않은 채로 트럭에 연결된 줄을 끌어당겨 먹을 것을 가져다 먹었다. 나는 지호에게 그 공간이 핑

장히 안전하게 느껴지고 편안해 보이며 배불러서 좋을 것 같다고 이야기해주었다. 지호는 정말로 그 공간을 사랑했다. 어떤 날은 울 것 같은 속상한 얼굴로 진료실에 들어오자마자 인사도 없이 소파 아래로 들어가기도 했다. 내가 소파 곁에 앉아 지호에게 마음을 추스르는 시간이 필요한 것 같다면서 기다려주면 이내 준비된 지호가 트럭을 내미는 식이었다.

지호 부모님은 부부싸움을 자주 했다. 알코올 중독인 아빠는 술 마시고 집에 들어오면 엄마랑 물건을 던지고 싸워서 집은 난장판이 되곤 했다. 지호 엄마는 결혼 직후부터 결혼한 걸 후회했고 지호를 임신한 후 지금까지 줄곧 만성적인 우울증에 시달려왔다. 자신이 남편보다 학벌이 낮고 친정의 가세가 기울어 남편이 자신을 무시하는 것만 같았다. 지호 어머니는 전업주부로서 하루 종일 자녀를 돌봤지만, 지호의 아주 어린 시절에 자신이 아들과 어떻게 시간을 보냈는지 잘 기억하지 못했다. 지호와 마주앉아 웃은 기억, 행복하고 충만한 시간을 보낸 기억 대신 자신의 우울함과 결혼에 대한 후회, 남편을 향한 분노가 그 시기를 채우고 있었다. 어느 정도 자란 이후 지호는 부모님이 싸울 때마다 동생 귀를 막아주며 동생을 데리고 다른 방으로 피신 갔다고 했다. 그리고 싸움 뒤에 앓아누운 엄마한테 괜찮냐고 물으며 물을 떠다주고 머리에 물수건도 올려주는 등 엄마에게는 남편보다 더 의지되는 남편 같은 아들이 돼주었다. 어느 날 엄마가 지호한테 정신 사나우니까 동생 데리고 나가서 놀라고 한 뒤로는 알아서 동생이 집에서 큰소리 내지 않게 잘 돌보며 데리고 놀았다. 지호 엄마는 평소에 종종 이런 말을 했다.

"네가 남자니까 여자아이들을 보호해줘야 되는 거야. 지호가 엄마도 지켜줘야 돼."

"지호가 엄마를 속상하게 하면 엄마는 죽을지도 몰라."

"지호는 엄마처럼 되지 말고 공부 열심히 해서 훌륭한 사람이 되어야 해."

엄마가 병원을 찾은 계기가 되었던 사건은 술 취한 지호 아빠가 엄마를 때렸고, 엄마는 홧김에 아파트에서 뛰어내려 죽는다며 베란다 밖으로 몸을 던지려는 것을 지호가 발견해 울며 애원해 엄마가 마음을 돌리면서였다(처음에는 말을 아꼈다가 나중에 털어놓으셨다). 사실 지호 엄마는 그 전에도 복용하던 우울증 약을 한꺼번에 먹는 등 자살 시도를 했지만 지호가 직접 목격한 날은 그날이 처음이었다고 했다.

지호가 그동안 겪어왔을 어려움이 짐작되었다. 소아의 정신분석 치료를 많이 시행한 정신분석가 도널드 위니콧은 아이가 출생한 뒤 엄마는 모성 몰입 상태maternal preoccupation에 빠진다고 했다. 이 상태의 엄마는 마치 아이와 한 몸인 양 아기의 상태에 대해 매우 민감하게 알아차릴 수 있다. 이 시기가 지난 후에도 아이의 마음이 형성되는 오랜 시간 동안 엄마는 아이 마음을 잘 읽고 알아주며 보살피는 역할을 해야 한다. 이때 엄마가 우울증을 겪는다거나 몸이 아파 아이의 마음을 읽지 못하면 역할이 뒤바뀌는 상황이 일어나버린다. 즉 아이가 엄마의 마음 상태를 살피게 되는 것이다. 지금 나는 배가 고프다든지, 내 마음이 힘들다든지가 아니라 엄마가 나한테 젖을 줄 수 있는 상태인지, 엄마 마음이 괜찮은지를 살피게 되는 것이다.

　지호가 태어난 후 경험해온 세상은 안전하지 않았다. 지호는 처음에는 슈퍼 히어로가 되어 끊임없이 사람들을 구하러 다님으로써 고통을 겪고 있는 엄마를 자신이 구해주어야 한다는 책임감, 자기 마음보다 엄마의 마음을 살펴야 한다는 의무감만 보여주었다. 지호는 공포스러운 환경에 놓일 때마다 자기 스스로의 와해될 것 같은 불안, 두려움에 대해서는 인식하지 못했던 것 같다. 장난감 벽으로 둘러싸인 소파 아래의 공간은 지호가 만들어낸 가상의 안전기지였다. 자신의 환경으로부터 제공받지 못한 안전기지를 놀이치료 시간에 만들어낸 것이다. 속상하거나 불안할 때 들어가 마음을 다스리는 이런 공간이 얼마나 절실했는지 지호는 여러 차례 보여주었다. 자신에게 필요한 먹거리를 실은 트럭을 줄을 이용해 당겨 먹는 것은 마치 지호가 편안하고 안전한 자궁 안(소파 아래)에서 엄마로부터 탯줄을 통해 공급되는 영양(내가 먹을 것을 실어준 트럭, 그것을 본인에게로 연결하여 당겨오는 줄)을 받는 것처럼 느껴졌다. 자신이 돌보고 걱정해야 하는 엄마, 그래서 떠날 수 없는 엄마가 아니라(지호는 놀이치료를 시작하고 얼마 후 유치원에 다시 잘 다니게 되었다) 자신에게 필요한 것을 제공해주는 튼튼하고 건강한 엄마와 있으면 걱정

없이 엄마(치료자)를 살피지 않고 안전기지(소파 아래)에서 마음껏 머물다 나올 수 있는 그 해방감과 안전함이 필요했던 듯하다.

엄마가 자신의 역할을 잘하기 위해서는 엄마가 스스로를 아끼고 사랑할 줄 알아야 한다. 이것은 엄마가 자신의 모든 부분을 괜찮게 (편안하게) 받아들인다는 것을 의미한다. 스스로에게 편안하지 않은 엄마는 아이에게도 자신감을 키울 기회를 줄 수 없다. 너는 나처럼 되지 말라고 말하는 것은 아이에게 어떤 방향성도 제시하지 못한다.

바깥세상이 안전하다면 그리고 엄마 마음이 건강하게 스스로의 자원과 부부 간의 사랑, 지지를 통해 자기 필요를 충족해나가야지만 아이는 자신의 존재 자체를 있는 그대로 즐기게 된다. 그저 자기 자신을 만족하게 하고, 남이 아닌 자신의 필요를 충족할 수 있게 된다.

위니콧은 이것을 진짜 자기true self라고 불렀다. 그러면 아이가 우울하고 결핍된 부모를 기쁘게 해야 한다거나, 살아남기 위해서 싸우지 않아도 된다. 이런 진짜 자기를 인식할 수 있는 안전한 환경에 놓여 있지 않다면 아이는 자신이 아니라 부모가 원하는 모습이 되고자 노력하고 부모의 뜻에 순응하기 위해 거짓 자기false self를 발달시킬 수도 있다. 예를 들어 지호의 거짓 자기는 엄마를 보호해줄 수 있는 어른스럽고 의젓한 모습이었다.

진료실에서 만난 엄마들의 목소리를 빌려 사회성이 부족한 아이들의 모습을 살짝 들여다보자.

"학교에서 친구들하고 노는 것보다 혼자 노는 걸 좋아해요. 혼자서 책만 봐요."

"친구를 정말 사귀고 싶어하는데 아이들이 자기를 안 좋아한대요. 친구들 눈치도 많이 보고, 어떤 때는 먹을 것도 사주고 그래요."

아이들이 직접 자기 마음을 털어놓기도 한다.

"친구를 어떻게 사귀어야 하는지 잘 모르겠어요. 친해지는 게 어려워요."

"(친구한테) 서운한 게 있어도 그냥 말 안 해요. 말하면 친구랑 관계가 멀어질 것 같아서요."

"애들이 저만 따돌리는 것 같아요. 왜 그런지는 저도 잘 모르겠어요. 차라리 혼자 노는 게 편해요."

친구 관계의 어려움은 이외에도 다양한 모습으로 나타난다. 이런 어려움은 왜 생기는 걸까? 아이 마음에서는 어떤 일이 일어나는 걸까?

위니콧은 엄마와의 관계 속에서 아이 마음이 어떻게 형성되는지에 중점을 둔 이론을 세웠다. 엄마가 자신을 위해 존재해준다면, 아이는 엄마와 유대관계를 맺게 된다. 이 유대관계가 바로 앞으로 모든 관계의 바탕이 되는 '대인관계의 기반'을 만들게 되는 것이다. 만약 이 유대관계라는 다리가 사랑받는 자신과 자신을 사랑해주는 엄마 사이에 놓인 것이라면 튼튼하게 유지될 수 있다. 그러나 아이가 자신이 사랑받을 만하다고 느끼지 못한다면, 즉 엄마가 나를 사랑하지 않고 싫어한다고 느끼면 연결된 다리는 위태로워지며 아이는 자신한테 다른 누군가에게 기댈 권리가 없다고 믿게 될 것이다.

우리 모두는 우리를 수용해주는 엄마와 같은 존재를 필요로 한다. 나의 하나하나가 훌륭하다고 확신시켜주고, 어떤 일이 일어나도 나를 위해 있어줄 것이라는 믿음을 심어주는 존재 말이다. 이 존재는 여러 가지 마음의 양식을 제공해준다. 여기에는 바로 내 모습 그대로 사랑받고 인정받는 것, 특별한 돌봄과 대우를 받는 것, 엄마가 떠나지 않으리라는 확신을 부여받는 것, 진정한 보살핌을 받는 것 등이 포함된다. 어린 시절에 이런 필요가 잘 충족된다면 성인이 되어서 굳이 찾아다닐 필요가 없어진다. 반대로 이런 건강한 자기애를 키우기 어려운 환경에서는 자기애적 박탈narcissistic deprivation이 생긴다. 무조건적 사랑을 받지 못하고, 또 자신의 모습을 긍정적으로 비춰주는 거울 반응을 얻지 못했다면, 아이는 세상에 대한 기본적인 신뢰감을 키울 수 없게 된다. 그러면 계속해서 무언가로부터 확인받고자 하는 욕구를 갖게 된다. 마치 그렇게 확인받지 못하면 자신이 존재하지 않는 것처럼.

그 밖의 다른 결과도 생긴다. 계속해서 안고 만져주기를 바라는

아이들이 사회를 만날 때

욕구뿐만 아니라, 몸으로 오는 신호인 신체적인 욕구와 증상에 매달리게 되는 것이다. 특히 신생아 시기에 먹고, 자고, 안전하게 보호받는 등의 기본적인 욕구들이 충족되지 않았을 때 아이는 자기 자신을 부끄러워하며 마음 깊은 곳에서 자신에게 뭔가 잘못된 점이 있다고 느끼게 된다.

불안정 애착을 경험한 아이들은 '엄마가 나와 함께 있는 것을 좋아하지 않는다' '엄마는 내가 불안할 때 반응해주지 않는다'는 경험을 한다. 그리고 그 이유를 자신이 사랑받을 만하지 않기 때문이라고 여긴다. 대상관계 이론을 적용하면 '거부하는 차가운 엄마'와 '거부당한 무가치한 아이'의 관계가 마음속에 자리잡는 것이다. 이런 관계 형성을 정신분석에서는 내적 대상관계internal object relationship라고 부른다. 이런 관계를 가진 아이들은 친구들과 관계를 맺을 때도 친구들이 자신을 받아들여줄 거라 생각하지 않는다. 그래서 자존감이 낮은 아이들은 대인관계를 피하고 혼자 있기를 좋아한다. 스스로를 만족스럽지 않게 생각하고 남들도 자기를 좋아하지 않을 거라고 여긴다.

엄마도 친구도 필요치 않다는 지윤이의 속뜻

지윤이는 중3 여자아이다. 부모님은 지윤이가 학업 성적에 대해

"어떤 일이 일어나도 내 옆에 있어줄 거잖아"

지나치게 불안해하고 친구를 잘 사귀지 못한다며 병원에 데려오셨다. 원래 걱정 많고 소심한 아이니까 그러려니 했는데, 고등학교 입학을 앞두고 아이가 학교에 가지 않겠다며 폭탄 선언을 하는 바람에 집안은 난리가 났다. 부모님이 왜 그러냐고 물으니, 지윤이는 특목고에서 상위권 성적에 못 들까봐 걱정하고 시험 때마다 아이들과 비교될까봐 불안해하느니 차라리 일반 고등학교를 가서 내신을 잘 받는 게 나을 것 같아서라고 했다.

원래 지윤이는 선생님과 부모님 말씀을 잘 듣는 아이였다. 중학교 1학년 때 담임 선생님은 유독 성적이 뒤처지는 아이를 지윤이와 짝꿍으로 만들어 그 아이를 도와주게 했고 지윤이는 기꺼이 그 역할을 맡았다. 모둠 활동을 하면서 아무것도 안 하는 아이들 틈에서 자료 찾기와 발표 준비를 혼자 하는 데다 발표까지 도맡았다. 모둠 활동의 특성상 점수는 다 나눠 갖는 것이었고, 아무것도 기여한 게 없는 아이들도 자신이 노력해서 받은 점수를 똑같이 받아가는 게 억울하긴 했지만 어쩔 수 없다고 생각했다. 그렇더라도 친구들에 대해 섭섭한 마음이 들긴 했다. 모둠 활동 때는 같은 조가 되자며 몰려오고 숙제가 어려울 때 물어보며 시험 기간에는 노트를 복사해달라고 친한 척하던 반 아이들은 다른 때에는 아는 척도 잘 안 하고 말도 잘 안 걸었다. 지윤이는 또래들이 좋아하는 아이돌에는 큰 관심이 없었고 반 아이들이 화장을 슬슬 시작하고 서로 수다 떠는 내용에도 별 흥미를 느끼지 못했기 때문에 친구들하고 같이 있어도 무슨 얘기를 해야 할지 잘 몰랐다. 그러다보니 같이 어울릴 기회가 생겨도 계속 이어지지는 않았다. 지윤이는 어쩌다 반에서 1등을 못하면 아이들이 자기를 무시하는 것 같다는 생각이 들었다. "너 이번에 몇 점이야?" 하고 물어오는 아이가 있으면 자기가 성적을 못받은 것을 알고 이때다 하고 점수를 확인하러 오는 것만 같았다. 어차피 필요할 때만 이용하기 위해 나를 찾는 애들이었다. 평소에 만만한 취급을 받는 자신이 공부까지 못하면 정말 막 대할 것 같아 지윤이는 성적을 최고로 유지해야 한다는 압박을 심하게 받았다. 하지만 스트레스를 받을수록 공부에 집중하기 어려워졌고 책상에 오랜 시간 앉아 있어도 큰 성과를 내지 못했다. 2학년 중반 이후 지윤이의 성적은 점점 떨어졌고, 그 후로 우울감은 더 심해졌다. 뭘 하려해도 할 수 없게 피곤했고 잠을 자기 어려운 날도 있었다. 낮이면 숨 쉬기가 힘들어지는 불안 발작이 자주 찾아왔다.

지윤이는 이전 상담 선생님과의 경험에 대해서도 이야기했다. 그 선생님은 지윤이의 오빠도 상담했다고 한다. "그 선생님은 오빠를 되게 좋아했어요. 이제 오빠는 상담을 안 다니고 저만 다니는데 오빠가 어떻게 지내는지 궁금해하셨어요. 제가 오빠 얘기를 하면 눈이 반짝반짝하시더라고요. 뭐 이해는 돼요. 저는 오빠처럼 착하지 않거든요. 오빠는 좀 비현실적으로 착해요." 지윤이는 그 상담 선생님에게 마음을 터놓기가 어려웠다. 왜냐하면 마음속에 있는 화났던 이야기나 나쁜 생각을 말하면 착한 오빠와 비교될 것 같았기 때문이다. 더욱이 엄마와 오빠가 좋다고 한 선생님이니까 자기만 그 선생님을 안 좋아하면 뭔가 자기한테 이상이 있는 것 같아 정작 속마음은 터놓지 못한 채 1년 넘게 상담했다가 우울감이 갈수록 심해져 결국 그만두었다고 했다.

상담 초반에 나는 아이가 자기 가족에 대해 어떻게 느끼는지 묻곤 한다. 엄마 아빠는 어떤 성격인지, 나에게 어떻게 대해주시는지, 형제들은 어떻게 여기시는지……. 처음 듣기에 지윤이 가족은 평범해 보였다. 아니, 좋은 가족인 듯했다.

"아빠는 저랑 친구 같아요. 재밌기도 하고요. 저는 아빠랑 얘기도 자주 나눠요."

"엄마는 좋은 분이에요. 한마디로 천사예요."

"오빠는 진짜 착하고 저한테도 잘해줘요."

지윤이의 마음에 있는 것들을 이야기해보도록 하면 주로 공부에 대한 걱정이 많았다. 공부를 어떻게 해야 더 잘할 수 있을지, 하루에 10시간 이상 집중해서 공부하는 방법은 무엇인지, 선생님은 어떻게 공부했는지를 묻기도 했다. 그러던 어느 날 지윤이는 지난밤 꾼 꿈을 털어놓았다.

"제가 수영장에 있었어요. 물이 허리쯤 차더라고요. 그런데 수면이 갈수록 높아지더니 턱까지 차오르는 거예요. 수영장이면 물 높이가 일정해야 되잖아요. 그런데 막 차오르더라고요. 너무 무서워서 잠에서 깼어요."

꿈은 지윤이의 통제할 수 없는 불안과 그에 압도될 것 같은 공포를 보여주는 듯했다.

지윤이는 상담을 이어가는 데 소극적이었다. 본인 이야기를 해야 하는 것이 불편하다면서 아무 생각도 안 난다, 아무 말도 안 하고 있을 때도 돈을 내는 게 아깝다, 엄마한테 부담 드리는 것 같아 비싼 학원은 안 가려고 하는데 이렇게 상담비를 낭비하니 오고 싶지 않다고 했다. 나에게 마음을 털어놓고 의존하게 되는 관계를 맺는 것이 두려운 듯 보였다. 지윤이는 어릴 때부터 어른스러운 아이, 무엇이든 늘 알아서 하는 아이였다. 딱히 상담 선생님이 없어도 알아서 마음을 잘 다잡으면 될 거라는 이야기도 자주 했다. 그럼에도 불구하고 상담 중에 마음의 이야기는 흘러나오고 이어져갔다. 어쩌다 엄마 아빠에 대해 서운한 마음을 말할 때면 꼭 그 앞에 '이렇게 생각하면 안 되는 건데'라는 말을 덧붙이기도 했지만 이런 이야기를 비난받지 않고 털어놓을 수 있는 것에 위안을 받는 듯했다. 상담이 진행될수록 아이가 보고하는 가족의 모습은 살이 붙여지고 더해지면서 구체적이 되고, 입체적인 모습을 띠었다. 사실 친구 같다고 한 아빠의 모습은 보호자나 어른처럼 느껴지지 않고, 기대거나 보호받기는 어려운 아빠에 대한 마음을 표현한 것이었다.

지윤이 아빠는 스스로의 감정이든 남의 감정이든 감정에 관한 한 둔감한 편이었고, 지윤이가 고민을 털어놓으려 하면 오히려 본인이 직장에서 겪었던 화난 얘기를 하거나 주식 차트를 보여주며 벌어들인 수익을 자랑하는 등 화제를 자신에게로 돌렸다. 그래서 지윤이는 아빠 이야기를 들어주느라 결국 자기 이야기는 속으로 삼키고 말았다. 천사 같은 엄마에 대해서는 나중에 더 듣게 된 내용이 많았다. 엄마는 목사님 아버지 밑에서 3남매의 맏이로 자랐다. 순종적인 성격에 착하게 자란 분이었다. 목사님 가정이라 늘 남의 모범이 되어야 한다는 이야기를 어머니에게 들었고 그래서 사춘기도 흔한 일탈 한번 없이 지났다. "엄마는 천사예요. 다른 사람한테 상처 주면 안 된다, 상처 주는 말 하면 안 된다, 다른 사람을 기쁘게 해줘야 된다고 하세요. 실제로 우리 엄마는 그렇게 사는 것 같아요. 그런데 저는 그렇게 살면 너무 피곤할 것 같아요."

그 말 뒤에 지윤이는 어릴 때 기억 하나를 떠올렸다. 초등학교 고학년때 반에서 자신을 괴롭힌 남자아이가 있어 집에 돌아와 엄마한테 울면서 그 아이를 이르다가 "걔 죽었으면 좋겠어!"라는 말을 뱉었는데 호되게 혼난 것이다. 그날 지윤이는 어스름해질 때까지 현관문 밖에서 두 시간 동안 서 있도록 벌을 받았다. 엄마는 평소에도 공부 못하는 건 상관없지만 마음씨가 예쁘지 못한 것은 안 된다고 했고 못된 행동을 할 때 크게 혼났던 경험이 많기 때문에 지윤이도 엄마가 자기편을 들어주지 않겠다는 것은 알았지만 그날은 너무 속상해 자기도 모르게 그 말이 튀어나온 것이었다. 그 뒤로 지윤이는 엄마에게 다시는 그런 '나쁜 마음'에 대해 이야기하지 않았다. 반에서 공부 못하고 도움을 필요로 하는 친구에게 선생님이 지윤이를 짝 지어주신 게 부담스럽고 하기 싫은 마음이 들었는데도 이기적이고 나쁜 마음인 것 같아 티를 내지 않았으며, 모둠 활동 준비를 혼자 다 하고 점수를 같이 받는 게 억울했을 때도 그건 나쁜 마음인 것 같아 억눌렀다. 선생님이나 엄마가 착하다고 칭찬해주시니 칭찬받기 위해 착한 아이로 남고 싶은 마음도 있었다. 하지만 때로 지윤이 안에는 천사 같은 엄마가 도저히 용납하지 않을 것 같은 나쁜 마음이 너무 많은 듯해 '엄마 딸인데 나는 왜 이렇지? 뭐가 잘못돼서 나는 이 모양이지' 하는 생각을 자주 하게 되었다.

　사실 지윤이에게는 마음의 짐이 하나 더 있었다. 지윤이 오빠는 고기능 아스퍼거 증후군이었다. 아스퍼거 증후군은 지능과는 무관하게 사회성의 어려움을 주된 증상으로 하는 신경발달학적 질환이다. 지윤이 오빠는 공부에는 뛰어났지만 일상생활은 티머니 카드 충전 하나 스스로 못하고 신발끈도 제대로 못 묶어 지윤이가 챙겨주어야만 하는 나이 많은 동생 같았다. 물론 오빠는 공부를 아주 잘했는데, 사실 친구도 한 명 없고 공부 말고는 좋아하는 게 없어서 공부를 하는 것 같기도 했다. 지윤이 엄마는 오빠가 어릴 때부터 여러 면에서 독특하고 학교에서 친구들과 어울리지 못하며 사회성이 부족하다는 등의 이야기를 들어 오빠를 데리고 여기저기 치료를 다녔다. 지윤이가 보기에는 그런 엄마가 너무 힘들 것 같았다. 그래서 나까지 엄마를 힘들게 하면 안 될 것 같아 불안하고 우울한 마음, 때로는 죽고 싶은 마음이 들어도 엄마한테 아무런 이야기를 하지 않았다.

어느 날 상담을 하면서 내 머릿속에는 한 가지 따뜻한 연상이 들었다. 아기란 엄마로부터 조건 없이 사랑, 따뜻한 보호, 배를 불려주는 먹을 것을 받을 권리가 있는데 마치 지윤이는 그러면 안 된다고 생각하는 아기 같다는 연상이었다. 이를 지윤이에게 말하자 지윤이는 아기가 배고프면 엄마에게 밥을 달라고 요구해도 된다고 머리로는 수긍되지만 마음은 그렇게 먹어지지 않는다고 했다.

처음에 지윤이는 자기한테는 친구 문제가 중요한 게 아니라고 했다. 공부나 목표가 우선이기 때문에 친구는 대학에 간 다음에 사귀어도 상관없을 것 같다고 한 것이다. 학교에서 아이들이 자기를 끼워주지 않을 때마다 "니깟 것들이 그러거나 말거나 난 신경 안 쓰거든?"과 같은 태도를 유지해왔다고 했다. 지윤이의 말을 빌리자면 '쿨한 척'을 해왔던 것이다. 친구들에게 상처를 받을라치면 더 거리를 벌리면서 본인을 지켜온 듯했다. 시간이 흐르면서 지윤이가 친구로부터 받은 상처들은 더 다양하게 이야기되었다. 같이 놀이공원에 가기로 해놓고 자기한테는 마지막에 오지 말라고 한다거나, 체육 시간에 팀을 만들어서 노는 활동을 할 때는 제외시킨다거나……. 지윤이는 전에 종종 일기를 쓴다고 말했는데 어느 날엔 이렇게 털어놓았다.

사실 그 일기는 데스노트 같기도 해요. 선생님, 데스노트 뭔지 아세요? 만화에 나오는 건데, 데스노트라는 게 있어서 그 노트에 주인공이 이름을 쓰면 이름 적힌 그 상대방이 죽는 거거든요. 제가 거기다 화난다는 얘기, 엄청 심한 얘기, 저주하는 얘기를 쓸 때도 있어요.

그 이야기를 털어놓은 지윤이의 표정은 불안해 보였다. "지윤이가 그 얘기를 선생님한테 하고 나서 마음이 불편한 것 같네"라고 하자 지윤이는 "아니에요. 선생님한테는 아무에게도 말 안 하는 얘기 털어놓을 수 있잖아요. 그러고 나면 속이 시원해지고 좀 풀리는 것 같아요"라고 했지만 그다음 시간에 지윤이는 주 2회로 만나던 것을 주 1회로 바꾸고 싶다고 했다. "상담하고 간 날은 더 피곤하고, 집에 가면 기운이 빠져서 공부가 잘 안 돼요. 여기서 얘기를 막 하다보니 나도 모르게 친구한테 속마음을 너무 터놓는 것도 같고, 하고 나서 '아니, 내가 무슨 짓을 한 거지'라는 생각이 들었어요."

억압되어 있던 감정을 처음으로 털어놓는 경험을 하면서 상담 초기에 경험할 수 있는 일종의 부작용 같았다.

지윤이는 꿈 이야기도 했다. "제가 영어 학원에 있었어요. 학생 두 명 중 한 명이 저였는데 다른 애가 공부를 더 잘하고 저는 못 따라가서 그 선생님이 저를 좀 싫어하는 것 같고, 저를 끊어내려고 저보고 오지 말라면서 버리려고 하는 꿈이었어요." 나는 "어쩌면 지윤이 마음속에 상담 시간에 착한 마음만 이야기하는 사람이 아닌 지윤이를 내가 싫어하고, 그래서 지윤이를 오지 말라고 할지도 모르겠다는 불안이 생겼을 것도 같다"며 더 드는 생각이 있는지 물어봤다. 그러자 지윤이는 "여기가 제 맘에 안 들어서 다른 병원을 찾아보는 입장이 되는 게 생각나요. 공부를 위해서라면 좀 설렁설렁 상담하는 병원으로 옮기는 게 낫지 않을까 싶었거든요. 꿈에서 나온 영어 선생님이 저고 선생님이 제가 된 것 같기도 해요. 선생님이랑 얘기하다보면 평소에는 안 보이는 그런 마음이 떠올라서 더 힘든 것 같아요"라고 했다. 지윤이는 상담 때 '나쁜 자신'을 치료자에게 드러내 보이는 것을 불안해했고, 엄마에게서처럼 호되게 혼나거나 쫓겨나지 않을까 하는 불안이 자극되자 꿈을 통해 쫓겨나고 버려지는 게 치료자(나)이며, 본인은 힘을 가지고 취사선택을 하는 위치에 있고 싶다는 은밀한 소망을 나타내는 것으로 보였다. 그 이야기를 털어놓고 나서 지윤이는 원래대로 일주일에 두 번 계속 나를 찾아왔다.

지윤이는 부모님의 걱정과 달리 자신이 일반 고등학교에 입학하기로 한다면 모든 게 잘될 테고 공부도 잘될 거라고 말했는데, 이는 사실 마음속의 걱정이나 불안을 부정하면서 장밋빛 미래만 말하는 것처럼 보이기도 했다. 그러던 중 치료에 접어든 지 몇 달이 지난 어느 날 꾸었던 꿈을 통해 숨어 있던 마음에 대해 이야기할 기회가 있었다.

악몽을 꿨어요. 지금도 떨리고 무서운 느낌이에요. 꿈에서 제가

「위기탈출 넘버원」 같은 프로그램을 보고 있었어요. 그 프로그램 안에서 한 여자가 괴한에게 쫓겨 도망을 가던 중이었어요. 그런데 화면에 선택지 두 개가 나왔어요. '도망친다' 아니면 '살려달라고 빈다'. 이 여자는 도망가는 걸 선택한 거예요. 그래서 막 도망가는데 결국 그 괴한한테 붙잡혀서 등 뒤를 칼에 막 무참하게 여러 번 찔린 거예요. 너무 끔찍했어요. 저는 그 여자가 죽을 줄 알았거든요? 그런데 신기하게 죽지 않고 그렇게 여러 번 찔렸는데도 살아서 119에 구조를 요청했어요. 그래서 구조대가 와서 살아난 내용이었어요.

지윤이는 그 꿈에 대한 여러 연상을 이야기할 수 있었다. 남자인지 여자인지 모르겠고, 어쩌면 키나 덩치가 자신과 비슷한 것 같다고 했던 그 괴한이 실은 자신인 것 같다는 연상과 함께 그동안 숨겨왔던 자해 경험을 털어놓았으며, 너무나 화가 날 때면 뭐든 해치고 싶은 자기 마음이 너무나 두렵게 느껴졌던 경험을 꺼내놓을 수 있었다. 한편 괴한이 아니라 쫓기는 여자가 자신인 것 같다고도 했다. 도망치기로 한 결정은 특목고에 입학하지 않으려 했던 자신의 결정인 것 같고, 칼에 찔려서 다치는 것은 일반고에 들어가도 아이들 사이에서 1년 꿇은 이상한 아이가 되고 친구 관계에 상처받을 자신인 것 같다고 했다. 하지만 선생님이 119 구조대처럼 자신을 구해줄 것 같은 생각이 든다며 지윤이는 치료에 대한 희망을 수줍게 비쳤다.

"어떤 일이 일어나도 내 옆에 있어줄 거잖아"

평소 누구의 도움도 필요치 않다면서 엄마도 친구도 필요 없다고 이야기해왔던 것과는 다른 모습이었다. 그동안 지윤이는 다른 사람과 내면의 감정을 공유하지 않았는데 자신의 감정을 인정받는 경험을 하면서 이제 여기에 약간의 변화가 생겨나는 듯했다.

엄마가 아이의 마음을 살피고 맞추는 것은 아이의 자아감 형성의 기본이 되며, 나아가 이는 아이의 사회성에 있어 중요한 발판이 된다. 엄마가 아이의 마음 상태를 살피고 맞춰주면 아이는 타인과 내면을 공유하는 경험을 하게 된다. 이를 통해 아이는 자신이 타인과 조화로운 관계를 유지하고 있다는, 관계에 대한 긍정적인 감정을 느낀다. 나는 타인이 내 마음에 귀 기울여주는 가치 있는 사람이며, 세상은 호의적인 곳이고, 나는 타인과 조화로운 관계를 유지하고 있다고 느끼는 것이다. 이렇게 만들어진 관계에 대한 긍정적인 감정은 좀더 넓은 범위의 사회성으로 귀결된다. 이렇듯 관계의 생김새는 '사회성이란 다른 사람과 관계 맺고 싶은 마음, 맺은 관계를 잘 유지하는 능력'이라는 이 장의 제일 첫 문장인 사회성의 정의와 맞닿아 있다.

2장

부모의 마음은 아이에게 대물림된다

정신분석적 관점에서 본 사회성 발달

김양석

마음을 이해하는 도구이자 치유의 한 방법인 정신분석은 프로이트가 창시한 이후 한 세기를 넘어 변화·발전해왔다. 프로이트의 후학들은 인간의 마음을 탐구하기 위해 각자 다양한 경험을 같은 듯 서로 조금씩 다른 이론과 기법으로 펼쳐놓았지만 마음 탐색의 근본은 언제나 치료자와 환자의 만남에서 시작되었다. 마치 인간 마음의 탄생이 엄마의 품 안에 안기면서 시작되는 것과 같다. 더 정확히는 엄마의 자궁 안에 생명이 잉태되는 순간부터, 혹은 아이를 기다리는 부모의 마음 안에서 이미 시작된다고 볼 수 있다. 영국의 저명한 소아정신분석가 도널드 위니콧도 아이라는 존재는 엄마 없이는 상상조차 하기 어렵고, 항상 엄마와 아이를 하나의 단위로 놓고 생각해야 한다고 강조했다. 즉 엄마의 마음이 없으면 아이의 마음도 있기 어렵고, 반대로 아이의 마음이 없으면 엄마의 마음도 상상하기 어렵다는 것이다.

마음이란 혼자서 발달할 수 없으며 하나의 마음이 성장하는 데는 또 다른 마음이 필요한데, 그 마음 또한 홀로 생존할 수 없기에 수많은 다른 이의 마음을 필요로 한다. 아프리카 속담에 한 명의 아이를 키우기 위해서는 온 마을이 필요하다는 말이 있다. 한 아이의 마음을 온전히 키우기 위해서는 가정이라는 마음이 필요하며, 마을, 더 크게는 나라와 세계라는 마음이 필요하다. 그렇게 마음들이 모인 것을 사회라고 정의하고 싶다. 단순히 사람들이라는 명사가 모인 집합체가 아닌, 끊임없이 상호작용하면서 순간순간 변화하는 동사로서의 과정이 사회일 것이다. 하나의 마음이 발달하기 시작하는 태초부터 마음과 마음이 서로 모여, 관계 안에서 끊임없이 상호작용하는 경험이 필요하다. 그리고 이를 각자의 마음 안에 고유한 방식으로 간직하게 된다. 마음속으로 들어온 관계들은 개개인 속에서 삼투작용을 일으키며 마음 밖 현실과도 소통하게 된다.

부모와 아이의 마음이 만나다

정신분석의 발달 또한 이렇게 우리 마음의 대부분을 차지하는 무의식 속에 대체 무엇이 있는지 궁금해했던 프로이트가 마치 그리스로마의 유적을 발굴하듯 고고학자처럼 탐험하는 방식을 취했다. 이는 명사적 개념으로서의 발굴 방법이었다. 이후 현대로 오면서 프로이트를 이은 산도르 페렌치, 멜라니 클라인, 로널드 페어반, 해리 설리번, 위니콧, 윌프리드 비온, 존 볼비, 하인즈 코헛 등의 뛰어난 분석가들이 더 많은 환자와 경험을 주고받으면서 마음 유적의 발견만이 아니라 그 유적을 발견하는 과정에 대해 이해하는 것 역시 중요하다는 사실을 알게 되었다. 사회 또한 이를 명사라는 집합체로서만 이해한다면 가역성reversibility과 가소성plasticity이 떨어지고 그 속을 들여다보기도 어려운 고정된 것으로 느끼기 쉽다. 반대로 사회를 움직이는 과정으로 이해한다면 물처럼 쉴 새 없이 역동적으로 흘러가는 가운데 장애물을 만나면 스스로를 변화·적응시키는 개념이 된다. 인간을 자연이라는 끊임없이 소통하는 큰 시스템 안에 존재하는 기초 단위라고 이해한다면, 인간의 마음을 자연과 닮은 작은 자연이라고 본다면, 좀더 이해하기 쉬울 것이다.

따라서 사회와 사회성, 사회적 관계란 마음과 마음이 만나는 데서 시작되고, 사회성 발달이란 상호주관적인 마음의 발달이라는 단단한 기초 공사 위에 지어지는 하나의 집이라고 할 수 있다. 이는 또한 부모 세대로부터 자식 세대로 대상관계의 경험이라는 매개체를 통해 이어져 내려오는, 부모의 마음과 아이의 마음이라는 상호주관적인 관계를 통해 대물림되는 과정이라고 할 수 있다. 대물림되기에 잘 변하지 않고 고정된 것 같지만, 자세히 들여다보면 오히

부모의 마음은 아이에게 대물림된다

려 물처럼 계속 흘러간다. 부모라는 주 양육자와의 경험 및 시대라는 환경의 변화 등 여러 요인에 의해 때로는 발달하고 때로는 퇴보하기도 하는 살아 숨 쉬는 생명체 같다.

여기서 사회성 발달이라는 하나의 집을 짓기 위해 가장 중요한 매개 변수를 꼽는다면, 부모성 혹은 부모되기parenthood라고 할 수 있다. 아이 마음의 발달 단계에 따라 부모의 마음도 상호작용하면서 발달하는 게 중요하다는 것이다. 아이가 나이를 먹으면 부모는 어린 시절의 아이 마음과 더 이상 만날 수 없기에 아이를 키운다는 것은 그 상실의 아픔을 받아들이고 되돌아오지 않을 지금의 아이 마음과 만나는 경험이 얼마나 소중한지 체감하는 과정이다.

사회성 발달에 영향을 끼치는 요소는 많지만 이 장에서는 부끄러움과 수치심(낯가림부터 자살하고 싶을 정도의 수치심까지 정도는 천차만별이지만 이런 일련의 감정을 이 장에서는 편의상 부끄러움이라고 하겠다)이라는 감정이 어떻게 마음의 발달과 사회성 발달에 영향을 주는지 얘기해보려 한다. 특히 부끄러움이 마음 깊숙한 곳에 상처를 만드는 과정을 보여줌으로써 그 상처와 부끄러움이 세대를 되풀이하여 내려가는 현상에 대해 살펴보고자 한다.

나는 정신분석, 정신치료, 놀이치료를 하는 정신건강의학과 의사로서 진료실에서 환자의 마음과 만나고, 때로는 가족들의 마음과 만나기도 한다. 세 살 전후의 아이들부터 일흔 살이 넘은 어르신까지 접촉하지만, 예외 없이 그들 마음 한구석에는 다 자라지 못한 아이가 웅크리고 있어 그 아이와 만나는 것이다. 마음과 마음의 만남이 아이가 잉태되기 전, 아이를 기다리는 엄마의 마음 안에서 이미 시작되듯이, 나 또한 환자를 만나기 전에 이미 그 환자를 기다리는 마음이 한켠에서 자라고 있음을 발견한다. 어디가 어떻게, 언제부터, 왜 아픈 것일까? 얼마나 괴롭고 힘들었을까? 다른 치료자가 아닌 왜 나를 만나려는 것일까? 작년도 내년도 아닌 왜 지금 만나려는 것일까? 스스로 온 것일까, 아니면 누군가의 권유로 온 것일까? 이런 생각이 떠오른다.

미국의 소아분석가이자 소아청소년 연구자인 로버트 엠드가 환자에 대한 공감과 호기심을 강조한 것처럼 나도 환자를 만나기 전에 '왜?'라는 의문이 마음속에서 자란다. 환자를 병원에 오게 만든 요인과 주된 고통, 증상도 중요하지만 내가 궁극적으로 궁금한 것은 환자의 마음이 어떤 모습을 하고 있을까다. 이것을 잘 이해하기 위해서는 명석한 외과의사가 완벽하게 소독된 수술실 안에서 암 덩어리의 위치를 정확하게 파악해 솜씨 좋게 병소를 도려내는, 메스를 쥔 의사의 손안에 치료의 성패를 놓아두는 방식을 취해서는 안 될 것이다. 그보다는 위니콧이 말한 보듬어주는 환경과 비온이 말한 담기는contained 경험처럼 따뜻하고 공감하는 분위기가 요구된다. 그런 분위기 안에서 자기 내면을 좀더 자유롭게 느끼고 표현하는 와중에 환자가 치료의 주인공이 되도록 만드는 것이 중요하다. 환자 스스로가 깨달음을 얻는 과정을 체화하는 방식에 가깝다고 볼

부모의 마음은 아이에게 대물림된다

수 있다. 치료자가 깨달음을 준다기보다는 환자가 주인공이 되어 깨닫는 과정을 체득함으로써 그의 감정 근육emotional muscle이 자라도록 도와주는 것이다. 유대인의 자녀 교육법 중 '고기를 주기보다는 고기 잡는 방법을 가르쳐주라'는 말이 있는데, 더 나아가 '스스로 고기 잡는 방법을 깨칠 수 있도록 도와주라'고 고쳐 쓸 수 있다. 내 진료실이 마음 이해를 위한 연극 무대가 되고, 환자는 각본과 연출을 담당하며, 환자와 치료자는 환자의 연상을 통해 맡은 바 배역을 소화하면서 환자 인생을 얘기하는 와중에 자신의 마음을 더 분명히 알아가는 과정인 것이다. 이렇게 형성된 병식 혹은 깨달음이 있다면 이를 부표 삼아 마음 안에서 일어나는 다양한 생각과 감정을 충분히 느끼고 표현할 수 있으며, 환자 스스로 억압하지 않는다면 더 안전하고 효과적으로 자기 삶을 조절하는 변화를 경험하게 된다.

진료실에서 만나는 환자들은 흔히 죄책감과 부끄러움을 갖고 있다. 대체로는 이 두 가지가 섞여 있으며, 죄책감인 것 같지만 알고 보면 수치심이 핵심일 때도 있고 혹은 그 반대도 있다.

부모가 개인적으로 겪었던 아픔과 상처는 아래 세대로 내려간다. 상처의 근원인 부모 자신의 문제가 애도 과정(이해받고 인정받는 안전한 관계를 통해 상처와 상실을 받아들이며 과거와 현재를 구분하는 것)을 거치지 못하면 부모 자신뿐 아니라 자녀가 고통을 받을 수밖에 없고, 아이든 부모든 마음 발달, 사회성 발달이라는 사다리를 타고 올라갈 수 없다. 이에 반해 부모의 상처가 공감적이고 안전한 관계 안에서 충분히 이해받는 경험을 함으로써 그로부터 어느 정도 자유로워지면 자녀와 소통하는 친밀한 관계가 싹틀 수 있다. 그제야 비로소 부모의 상처가 자식에게 대물림되지 않으며, 서로 믿고 의지하면서 성장하는 관계로 발전할 수 있다. 그리고 그런 과정을 통해 감정 근육이 자라는 만큼 편안하고 친밀한 사회적 관계 맺기 능력도 발달할 수 있는데, 이것을 사회 근육social muscle이라 할 수 있다.

타인을 만족시켜야만 생존할 수 있는 나

고등학교 2학년인 혜진이는 우울, 무기력감, 등교 거부, 소외감, 자살 사고의 문제로 진료실을 방문했다. 혜진이에게는 나이 차이가 많이 나는 오빠가 있었는데, 이른바 명문 대학에 진학했지만 엄마가 원한 학교는 아니어서 오빠 스스로 엄마의 기대를 충족시키지 못한 것을 부끄럽게 여기고 있었다. 혜진이는 오빠가 많이 노력했는데도 성적이 기대에 못 미치자 엄마한테 부당한 비난과 욕설을 듣는 장면을 수시로 목격하면서 자라났다. 그런 탓에 혜진이는 어떻게 하면 엄마의 무시무시한 비난으로부터 자신을 보호할 수 있을까 고민돼서 진료실을 찾아온 것이었다. 혜진이 엄마나 오빠는 대학 때문에 주변의 시선을 의식하면서 심한 부끄러움을 느꼈고, 엄마 친구의 자녀나 오빠 친구들이 더 좋은 학교에 간 사실을 받아들이기 힘들어했다. 혜진이 엄마는 오빠의 실패를 혜진이를 통해 만회하려 했고, 더 강하게 몰아붙이면 딸이 엄마가 원하는 가장 좋은 학교나 학과에 갈 수 있을 거란 생각에 친구들과 어울리는 시간도 못마땅해하며 금지시켰다. 엄마는 혜진이에게 좋은 대학에 입학하거나 충분히 성공하고 난 뒤 친구를 사귀어도 상관없다는 얘기를 자주 했다. 오빠보다 더 온순하며 성실했던 혜진이는 초등학교 저학년 때부터 엄마의 높은 기준에 맞춰 잘 따랐고 성적도 오빠보다 좋아서, 학년이 올라가고 엄마의 기대가 더 높아지는 만큼 엄마는 딸을 더 강하게 압박했다.

  혜진이 또한 엄마의 높은 기준을 내재화하여 스스로를 혹독하게 몰아붙였다. 학년이 올라갈수록 늘어나는 학습량 및 최고가 되어야 한다는 압박감에 힘들고 지쳐 포기하고 싶은 마음이 들기도 했지만 다른 친구들도 다 나와 같을 거란 생각, 그리고 엄마의 기준을 충족 못 시키면 어떻게 하나 하는 두려움 때문에 불만을 품기조차 어려웠다. 고등학교 2학년이 되면서 전교 석차를 유지하기 위해 시험 기간에 늘 긴장하며 밤을 새웠고, 피곤해서 조금 쉬고 싶을 때라도 실패자가 될지 모른다는 엄마의 따가운 시선과 목소리가 느껴지는 듯해 그럴 수 없었다. 잠시 눈을 붙일 때조차 자신은 게으르고 한심한 사람이라서 입시에 실패할 수밖에 없다고 비난하는 내면의 목소리가 들려와 놀라 잠에서 깨는 일이 부지기수였다. 성적을 유지하려니 너무 힘들고 그렇다고 공부를 쉬엄쉬엄 하자니 떨어질 성적이 부끄럽고 무서워, 심리적·신체적 어려움을 억지로 참아내며 중간고사를 그럭저럭 마무리했다.

문제는 중간고사가 끝나고부터 일어났다. 무기력해지고, 아침에 눈 뜨기 싫은 데다, 학교 가기 싫어서 지각과 조퇴, 결석하는 일이 잦아진 것이다. 그런 혜진이를 엄마는 이해도 용납도 못했으며, 평소와 달리 딸의 휴대전화 사용 시간이 늘어나고, 유튜브 등을 보면서 깔깔거리는 일이 잦아지자 딸의 심경을 살피려 하기보다는 경쟁자들은 공부 중인데 시간 낭비나 하고 있다는 생각에 화가 치밀었다. 이러다가 딸애가 아들처럼 실패하지나 않을까 하는 불안이 생겨 혜진이를 나무라는 일은 더 많아졌다. 그런데 엄마가 심하게 나무라는데도 불구하고 혜진이는 예전처럼 고분고분하지 않고 화내거나 소리지르면서 울었고 문을 닫고 들어가서는 밥도 먹지 않았다. 이런 문제로 엄마와의 갈등은 점점 극을 향해 치달았다. 아빠가 보기에는 딸아이의 행동이 너무 버릇없어 딸을 나무랐다. 그러자 혜진이는 자기 마음을 알아주는 사람은 아무도 없으니 죽어버리겠다면서 내 진료실에 찾아왔던 것이다.

환자들은 다 나름의 사연과 아픔을 지닌 채 진료실에 오지만 일말의 희망과 기대 또한 품고 있다. 이는 자연의 일부인 인간이 숙명적으로 가질 수밖에 없는, 그리고 감정 근육이 자라기 위해서 반드시 애도하고 다뤄야 할 양가감정이다. 혜진이 역시 치료 및 치료자에 대한 희망과 두려움을 동시에 갖고 있었다. 아이는 치료자 및 치

부모의 마음은 아이에게 대물림된다

료 공간이 안전하며 치료 공간에서는 마음속에 떠오르는 것을 뭐든 말로 표현할 수 있는 데다, 이를 통해 잘 몰랐던 자기 마음을 조금씩 더 알아가고, 그런 만큼 자신의 감정, 생각, 행동을 반추하며 조절하는 능력이 높아진다는 것을 경험했다. 혜진이는 자는 동안 꾸는 꿈 또한 안전할 뿐 아니라 꿈에서는 모든 것이 가능하기에, 그 꿈을 통해 자기 마음을 좀더 이해할 수 있다는 점을 알고 나서는 치료 세션에서 꿈 이야기를 들려주었다. 낮 동안에는 한 번씩 공상에 빠지는데 그런 백일몽 역시 마음 이해를 위한 중요한 소재가 된다는 것을 깨닫자 자신의 의식 근처로 떠오르는 생각을 쓸데없거나 한심하게 여기기보다는 마음 이해를 위한 안전하고 중요한 재료로 느끼기 시작했다.

혜진이와 나는 치료 세션 안에서 자유롭게 떠오르는 연상, 가끔씩 가지고 오는 꿈, 그리고 백일몽 등을 통해 아이 마음 안에 천사와 악마가 너무 분명하게 양분되어 있어, 자신을 둘러싼 세상 또한 자신을 착한 아이 아니면 나쁜 아이라는 이분법적 시선으로 바라본다는 사실을 알게 되었다. 그래서 자기 모습이나 행동이 주변의 기대에 미치지 못하는 상황을 아예 만들지 않기 위해 항상 웃는 얼굴, 착한 딸, 모범생, 친구들의 요구를 다 들어주는 착한 친구라는 가면을 쓰고 살아왔고, 그러다보니 자신의 발달 단계에 맞는 기본적인 욕구를 모조리 억압하고 살아왔다는 걸 알게 되었다.

토머스와 체스는 아이들이 타고난 생물학적 특성인 기질에 대해

아이들이 사회를 만날 때

쉬운 아이, 어려운 아이, 더딘 아이로 분류했는데 혜진이는 어린 시절부터 새롭고 낯선 환경에 처하면 수줍고 부끄러워하며 위축되는 모습을 보였다. 또 예의범절을 중시하고 완벽함을 강조하는 집안 분위기로 인해 내면세계에 더 위험하고 견디기 힘든 정서적 통증이 자리잡게 되었다.

혜진이 스스로도 자신이 외부 기준이나 시선을 만족시키냐의 여부가 스스로의 정서적 생존을 위해 매우 중요하다고 여기게 되었다. 자기 자체로서 존중받고, 사랑받고, 받아들여지는 경험보다는 착한 행동, 순종적인 행동, 성적 등 겉으로 드러나는 무언가를 충족시키거나 증명해야만 부모나 세상으로부터 인정받는다는 믿음이 점점 자라면서 바깥의 인정에 필사적으로 매달리게 되었다. 또한 외부 시선이나 기준으로부터 벗어나 비난 혹은 지적을 받거나, 아니면 그런 상황을 상상하는 것만으로도 두렵고 무서워 마음 깊숙이 그런 감정을 꼭꼭 숨기게 되었다.

혜진이의 내면은 친구 관계에서도 되풀이될 수밖에 없었는데, 아이는 자신의 내면이 추하고, 더럽고, 게으르고, 부끄러운 것으로 가득 차서 친구들과 지나치게 가까워지면 진짜 자기 모습을 들킬 테고, 그러면 친구들이 놀라 자신을 멀리하거나 떠날 수밖에 없다고 여겨 친밀한 관계를 맺지 못했다. 반면 친구들의 사소한 말투나 행동에도 민감해 자신과 아무 관계도 없는 친구들의 반응까지 본인이 못나고 사랑받을 가치가 없어서 그런 거라고 자책하며 불안해했고,

아예 그런 상황을 만들지 않기 위해 친구들에게 철저하게 맞춰주게 되었다. 혜진이의 마음은 항상 공허하고 외로워 친구들과 멀어질까 봐 두려워하면서도 다 맞춰줘야 하기 때문에 에너지가 너무 많이 들었고, 그 힘든 감정을 참다가 도저히 참을 수 없는 지경에 이르면 마치 곰이 겨울잠을 자러 들어가듯이 자기 방으로 숨는 일이 반복되었다. 이는 친구들과 지낼 때와 달리 자기 방은 외부의 처벌적 시선으로부터 자유롭고 일종의 안식처처럼 여겨졌기 때문이다. 공부 역시 비록 스트레스를 준다 하더라도 대인관계처럼 부끄러움을 느끼거나 다른 사람으로부터 컨트롤 당할 위험이 없으며, 노력하면 성적이 좋게 나오고 부모나 선생님, 친구들로부터 인정도 받기에 현실에서 스스로 컨트롤할 수 있는 유일한 수단이기도 했다.

이처럼 학업 성적이 자존감을 유지하는 데 유일한 방법이었기에 병원에 오기 전 경험한 무기력감으로 인한 지각, 조퇴, 결석은 혜진이의 내적 세계에 큰 충격으로 다가왔으리라 짐작되었다. 불안하고 무서워 누군가 자신을 도와줬으면 하는 절박한 상황에서 엄마가 도움이 되기보다는 오히려 갈등의 불씨가 되었고, 예의범절을 중시하는 아빠의 눈에 버릇없게 비치자 아빠도 아이를 이해하기보다는 나무라서라도 원래의 모범생으로 되돌려놓으려 했음을 알게 되었다. 그 과정에서 문제는 해결되기보다 갈등과 상처만 더 깊게 만들었다. 이런 일련의 과정을 돌아보면, 가족 누구도 나쁜 의도 없이 각자 자기 위치에서 문제 해결을 위해 최선을 다했으며 그 방법이 가장 좋은 해결책이라고 강력하게 믿고 있었던 것이다. 즉 모두가 노력했지만 상황은 더 악화되는, 마치 풀 수 없을 것 같은 매듭으로 꼬여버려 다들 무력감을 느끼게 되었다.

부모의 아픔을 대물림하지 말 것

진료실에서 혜진이를 만나면서 아이의 내적 세계를 이해함과 동시에 나는 부모 세션도 갖게 되었다. 이는 부모의 마음이 혜진이 마음에 직간접적으로 많은 영향을 미치기 때문이며, 혜진이 마음은 부모의 마음이라는 기초 공사 위에 짓는 또 하나의 집이기 때문이다.

혜진이가 죽고 싶을 만큼 힘들어하는 데다, 학교를 안 가는 것이 아니라 못 갈 만큼 마음이 무너지고 있는데도 그런 아이에게 화를 냈던 엄마는 부모 세션에서 자기 분노와 그 분노에 불을 지피는 불안의 근원을 내보여주었다. 그 과정을 통해 엄마 자신이 젊은 시절 우수한 능력과 성실성을 지녔는데도 불구하고 명문대 출신이 아니어서 겪었던 차별과 배제가 극심한 고통과 부끄러움을 심어줬다는 사실을 알게 되었다. 그 자기애적 상처의 기억이 오랜 과거임에도 불구하고 울음을 터뜨리고 생생히 재경험하면서 엄마가 아직 억울하고 화나며 여전히 많이 아파하고 있다는 걸 알게 되었다. 그러다보니 그 아픔을 꺼내놓기보다는 부인하고 억압하는 식으로 마음 깊이 묻어놓을 수밖에 없었는데, 세션을 통해 비로소 아픈 감정을 인정하고 받아들이셨다. 또한 엄마 스스로가 과거의 상처에 대한 애도를 충분히 하지 못해 자녀들에게 고스란히 전가함으로써 자녀가 자기 삶을 살지 못하고 엄마의 해결 못한 삶을 대신 살게 만들었다는 점, 그래서 자녀들의 곤경에 엄마 책임이 크다는 점을 이해할 수 있게 되었다.

엄마가 일련의 과정을 이해했다고 상처에 대한 기억과 감정이 없어지는 것은 아니지만, 상처와 관련된 부끄러운 감정이 올라올 때마다 예전처럼 자녀에게 자기 불안을 투사해서 통제하는 일은 멈추게 되었다. 자녀에게 순종적이고 모범적이라는 완벽한 옷을 입혀서 좋은 대학에 보내는 방식이 아니라 자기 스스로의 불안을 느끼고 알며, 그 불안이 과거 자기 경험에서 오는 것이고, 그 불안을 조절하는 것은 스스로의 책임임을 알게 되었다. 그러자 혜진이 엄마는 점점 불안을 조장하는 과거로부터 거리를 둘 수 있게 되었고 그 거리감만큼 자신의 감정과 자녀들의 감정을 구분하게 되었다.

혜진이 엄마에게는 차츰 자기 감정으로부터 거리를 두는 능력, 불안을 조절하고 다루는 능력, 다시 말해 감정 근육이 자라기 시작했다. 물론 감정 근육이 자란다고 해서 불안이 일어나지 않는 것은 아니다. 다만 자녀와의 관계에서 불안이 되풀이될 때마다 그 근원과 의미를 이해할 수 있다면 엄마가 자신을 달래기 위해 자녀들을 몰아붙이며 희생시킬 이유는 없어지는 것이다. 이런 파괴적인 방식으로 자기 불안을 자식에게 전가하는 것은 지속 가능하지 않다. 이렇게 효과 없는 방법을 고집하기보다는 치료자와의 세션을 통해 자기 불안을 먼저 인식하고 조절하는 것이 요구된다. 그런 뒤 주어진 현실 안에서 자녀의 강점과 잠재력을 있는 그대로 믿고 존중하는 안전한 관계를 맺어, 자녀가 스스로 마음을 조절하도록 도와주어야 한다. 이를 통해 힘을 가진 부모가 힘없는 아이에게 칭찬이나 처벌을 통해 건강치 못한 자기애적 자부심이나 부끄러움을 경험하게 함으로써 자녀를 통제하는 것이 아니라, 부모가 자녀 각자의 독특한 장점, 강점, 잠재력을 발견하고, 자녀 스스로 자기 삶의 주인공이 되어 서로 믿고 존중하는 관계로 나아가는 것이 더 효과적이고 안전하다는 것을 알게 되었다.

결국 혜진이 엄마는 딸과의 갈등, 딸의 무기력의 원인 중 하나는 자신이며, 그게 자기 마음으로부터 온 과거의 상처라는 걸 깨달았다. 혜진이 엄마는 차별받는 부끄러운 상황에 다시 내몰리지 않기 위해서는 '파워'라는 피라미드의 꼭짓점에 반드시 서야 한다는 강박관념이 자녀를 통해 다음 세대로 내려가며, 이런 대물림이 아무도 행복하거나 자유롭게 하지 않는다는 것을 이해할 수 있었다. 역설적이지만 자녀가 죽을 만큼 힘든 것을 겪고 나서야 부모는 그 원인이 자신에게 있음을 깨달은 것이다. 부모가 스스로의 아픔과 상처를 돌보지 않고서는 자신뿐만 아니라 자녀들의 인생에도 부정적

부모의 마음은 아이에게 대물림된다

인 영향을 줄 수밖에 없음을 경험한 것이다. 부모와 자녀의 마음은 한 묶음으로 같이 가기 때문에 부모가 된다는 것은 불안한 마음에 자녀들에게 뭔가를 더 얹기보다는 자신이 경험한 아픔을 애도하고 소화시켜 대물림되지 않도록 스스로 돌보는 것임을 깨달을 수 있었다.

부모의 마음 근육과 사회 근육

대한민국에서 부모로 산다는 것은 많은 관중이 지켜보는 앞에서 준비 안 된 초보 서커스 단원이 외줄타기를 하는 것과 비슷하지 않을까 싶다. 그것도 혼자 외줄을 타는 것이 아니라 자녀를 품에 안고. 엄마들 스스로도 왜 외줄을 타야 하는지, 어떻게 타는 건지, 정말 외줄을 타는 게 맞기나 한지에 대해 고민할 여유도 없이 옆집, 앞집 엄마들이 다 하니까, 그것도 아주 경쟁적으로 하니까, 자기도 하지 않으면 불안해져서 '묻지 마' 식 외줄타기로 내몰리고 있는 건 아닐까?

어느 누구도 불안을 피할 수 없는 한국의 혹독한 교육 환경을 고려한다면 불안을 피하기보다는 마주해야 한다는 사실을 받아들여야 하지 않을까? 또한 그 불안은 현실에 존재하는 마음 밖의 불안이기도 하겠지만 더 큰 부분은 부모가 어릴 때 겪었던 중요한 대상과의 관계 경험에서 오는 것임을 이해해야 한다. 특히 창피하고 부끄러워서 피하고 싶었던 상처로부터 온다는 것을 받아들여야 한다. 자신이 대면하고 싶지 않은 그 아픔을 내 아이만이라도 겪지 않았으면 하는 절박한 마음을 가져야 불안을 조절하는 마음 근육을 발달시킬 수 있다. 그제야 그 불안을 없애기 위해 고집스럽게 되풀이하던 비효과적이고 위험한 외줄타기에서 벗어나 주변 시선이나 비난에서 좀더 자유로워지는, 즐거움이 동반된 외줄타기가 가능하다. 그렇게 되면 불안이 채우던 부모의 마음 자리에 내 자녀의 마음이 온전히 담길 수 있다.

부모의 마음 안에 자기 마음이 온전히 담기는 경험을 한 아이들만이 불안의 골짜기를 한 발 한 발 건너갈 수 있다. 불안하지 않기 때문에 골짜기를 건너가는 것이 아니라 아무리 불안해도 그 마음이 담길 수 있는, 믿고 의지할 또 다른 마음이 존재하기 때문에 가능한 것이 아닐까 싶다. 이처럼 서로 믿고 의지하는 마음은 불확실한 미래에 대해 아이들을 위협하는 관계, 또는 아이를 믿지 못해 약한 존재로 위치시키는 반면 부모는 옳고 강한 존재로 놓는 관계가 아니라, 모든 마음은 누군가를 통해 위로받고 담기는 경험을 통해 성장한다는 단순한 진리에서 비롯되는 것 같다. 그런 과정을 통해 마음 근육이 발달시키지 않으면 아무리 1등을 해도 언제든 무너질 수 있는 취약한 모래성일 수밖에 없음을, 그런 모래성 위에서는 사회성 발달은 꿈조차 꾸기 어렵다는 점을 받아들여야 한다. 왜냐하면 마

부모의 마음은 아이에게 대물림된다

음 근육의 발달과 사회 근육의 발달은 같이 가기 때문이다. 사회 근육의 발달을 위한 동반자가 되어야 할 친구들이 경쟁하는 적으로 간주되는 사회를 우리는 살아가고 있지 않은가. 이것을 인식해야 정글 속에서 사는 아이들의 마음 근육과 사회 근육의 발달을 지켜줄 수 있고, 그러려면 부모가 마음 근육과 사회 근육 발달을 점검해 보는 것이 선행되어야 한다.

우리는 유독 타인의 시선이 중요시되는 문화권에 살고 있다. '엄친아' '엄친딸'에 어릴 적부터 노출되어 '나'라는 존재는 없어지고 남에게 어떻게 비칠까가 중요한 세상에서 한없이 비교되며 살고 있다. 남에게 보이는 무언가를 갖지 못하면 부끄러워져 결국 명문대를 나와도 언제 받을지 모를 시선이라는 상처로부터 자신을 보호하기 위해 하루하루를 버티고 있다. 혹은 우리는 모두 잠재적 은둔형 외톨이가 되어버린 것인지도 모르겠다. 칭찬을 받으면 받을수록 더 공허해지고 잠깐이라도 칭찬받지 못하거나 핀잔을 들으면 소외감을 느낀다. 우리가 서로에게 상처를 쉽게 주는 것일까, 아니면 받는 것일까? 어쩌면 상처를 받지 않기 위해 나도 모르게 상대를 내려다 볼 수 있는 높은 위치에 필사적으로 서서, 거기서 느끼는 우월감에 중독적으로 빠져드는 것인지도 모르겠다. 혹은 학교나 사회 곳곳에서 어렵잖게 목격되는 왕따나 차별의 문제처럼 상대로부터 상처받지 않기 위해서 상대를 내리깔고 상처 주는 위치에 집착하는 것인지도 모르겠다. 가해자는 반드시 한때 피해자였다는 말이 시사하듯이, 우리는 과거 언젠가 있었던 피해자로서의 아픔이 너무 커서 거기서 벗어나기 위해 자신도 모르게 가해자가 되어버린 것일 수도 있다. 때론 그 대상이 자녀들이 된다는 것도 모른 채. 우리는 타고난 각자의 고유한 내적 세상에서 자유롭게 살기보다는, 우월감과 열등감이라는 경쟁적 삶에 중독되어 살고 있는 것은 아닐까? 그렇다면 왜 그런 것일까?

아마도 우리가 어린 시절부터 사회와 가정에서 겪는 부끄러움과 수치심이 몹시 강렬해 그 감정을 소화시키기보다는 부인하거나 숨길 수밖에 없고, 그렇게 닫힌 마음은 죄책감을 포함한 여타의 감정 또한 소화시키지 못해 마음의 발달이 멈춰버린 것은 아닐까? 그래서 그 위에 지을 건축인 사회성 발달은 꿈도 꾸지 못하는 것 아닐까? 아무리 좋은 음식을 먹어도 이를 소화시킬 소화기관이 없으면 소용없듯이, 감정을 소화시키는 소화기관인 마음의 발달이 멈추면 감정을 토할 수밖에 없듯이, 소화되지 않은 감정들이 날것 그대로 누군가를 향해 터져버리는 것은 아닐까? 그리고 그 누군가는 나보다 힘센 사람이기보다는 자녀들을 포함한 약한 대상일 수밖에 없다. 물론 부모들 또한 그 누군가의 소화되지 않은 감정에서 자유로울 수는 없을 것이다. 그렇게 던져지고 폭발하는 감정들은 죄책감, 수치심, 화, 분노, 불안, 공포, 우울 등이 주를 이루고 부모로부터 그런 감정을 고스란히 흡수한 자녀들은 현실의 불안에 더해 부모로부터 전염된 불안과도 싸워야 하는 샌드위치 신세에 놓이게 된다.

부모의 마음은 아이에게 대물림된다

아무리 성숙한 어른의 마음이라도 그 속에는 다 자라지 못한 아이의 마음이 있어 부모조차 어린 시절의 상처로 인한 부끄러움이 이해되고 보듬어지는 공감받는 관계의 경험이 있은 후에야 마음의 발달이 재개될 수 있다. 그렇게 부모의 마음 근육이 자라야만 자녀가 세상으로부터 겪는 부끄러움의 상처를 자녀 스스로가 이해하고 극복하도록 도와줄 수 있다. 그래야만 자녀들이 각자 독특하고 개성 있는 잠재력과 재능을 발견하며 그 특별함을 마음껏 펼칠 수 있을 것이다. 그런 자유로운 마음 근육이 자랄 환경이 주어져야만 사회적 관계 안에서 만나는 타인들을 자신을 깔보거나 무시하는 수직적 대상이 아닌, 때론 믿고 의지하며 때론 갈등을 조절하고 협력하는 수평적 대상으로 인식할 수 있으며, 이는 사회 근육이 자라는 밑바탕이 될 것이다.

우리는 인간이라는 명확한 한계 안에서 사회를 이루어 살아가기 때문에 상처를 주지도 받지도 않는다는 건 불가능하다. 마음과 마음이 만나는 데는 서로가 좋은 의도를 가지고 있다 하더라도 상처를 주고받는 과정이 필연적으로 동반된다. 행여 상처 때문에 관계를 피한다 해도 스스로의 마음 안에서조차 상처는 싹튼다. 그렇다면 결국 상처를 안 받으려고 노력하기보다는 누구로부터 언제든 상처를 받을 수 있다고 생각해야 한다. 그럼으로써 상처를 인정하고, 충분히 느끼며 아파하되, 그 아픔을 견딜 수 있도록 안전하게 보듬어주는, 서로가 서로에게 연결되는 마음의 관계가 중요하다. 그리고 그렇게 연결되는 마음의 관계는 부모의 마음과 아이의 마음에서 시작된다는 점을 기억해야 할 것이다.

　미국의 소아정신분석가인 에르나 퍼먼은 부모와 아이의 만남이 발달하는 과정을 3단계로 기술했다. 처음에는 부모가 아이를 위해서 무언가를 하는 것, 그다음은 부모가 아이와 함께 무언가를 하는 것, 마지막 단계는 아이가 스스로 무언가를 할 때 옆에서 마음으로 지켜보면서 지지를 보내는 것이다. 물론 이 3단계가 순차적으로 진행되어 3단계가 되면 그 전 단계가 필요 없어지는 것은 아니고, 놓인 상황에 따라서 적절히 조정되며 마지막 단계로 수렴된다고 보면 된다. 물고기를 잡는 과정으로 비유하자면, 처음에는 아이를 위해 물고기를 잡아줘야 할 것이다. 물론 아이는 물고기를 잡아주는 과정을 반복 경험하면서 어깨 너머로 이미 물고기 잡는 법을 배우고 있다. 그다음 단계는 아이와 함께 물고기를 잡는 것이다. 물론 그것이 경쟁적이고 치열한 생존의 경험이라기보다는 즐겁고 재미난 놀이라면 더 좋을 것이다. 마지막 단계는 아이 스스로 물고기를 잡는 모습을 조금 떨어져 지켜보는 것이다. 물리적 거리뿐 아니라 마음의 거리 또한 중요하다. 반걸음 물러나서 지켜보면 좋다. 물론 아이

부모의 마음은 아이에게 대물림된다

가 부모의 기대만큼 실수도 안 하면서 완벽한 기술로 물고기를 잡을 수는 없다. 분명 서투를 것이며, 실수도 많이 할 터라 부모 마음에는 여러 생각과 감정이 들 것이다. 그리고 그 번뇌하는 마음 안에 반드시 부끄러움이 있을 것이다. 부모 마음 안에 부끄러움이 있을 수 있다는 걸 우리가 알고 있을 때에야 비로소 그 감정을 조절하고 다룰 수 있다. 그제야 마침내 불필요하게 아이에게 간섭하고 잔소리하는 일이 줄어들 것이다. 이로써 부모와 아이는 믿지 못하고 잔소리하는 사이가 아니라 믿고 기다리는 관계가 될 것이다. 그러면 우리 아이에게 옆집 아이와 구분되는 특별한 무언가가 있다는 것이 부모의 시선을 통해 아이에게 전달될 수 있으며, 부모의 소화되지 않은 경험이 자녀 세대로 넘어가지 않게 된다. 부모가 자식에게 사회성 발달이라는 물고기 잡는 법을 가르치고 싶다면, 부모 먼저 자기 마음 안에 있는 부끄러움을 다루는 방법, 즉 부끄러움이라는 물고기를 잘 잡고 관리할 수 있는 방법을 배우고 터득해야 할 것이다.

3장

아이의 사회성은 뇌와 함께 자란다

뇌과학적 관점에서 바라본 사회성 발달

문덕수

세상에 태어나 사람들과 관계를 맺으며 발달하는 사회성은 아이가 성장하면서 습득하는 감정 인식, 상황 이해, 정서 조절, 공감능력, 의사 표현과 같은 능력들로 이루어진다. 아이의 뇌에 이러한 사회적 능력과 연관된 영역이 있기에 아이의 뇌가 잘 발달하는 것은 사회성 발달과 밀접하게 연결된다. 뇌 발달에 대한 이해는 아이가 세상을 인식하고 소통하는 과정을 알게 해준다. 그렇다면 사회 안에서 상호작용하며 성장하는 동안 아이의 뇌에서는 어떤 일이 일어날까? 그리고 아이의 사회성을 위한 뇌 발달은 어떻게 도와줄 수 있을까? 뇌가 발달하는 과정과 뇌가 어떻게 생각과 마음을 조절하는지에 대해 이해한다면 그 답을 알 수 있을 것이다.

아이의 사회성은 뇌와 함께 자란다

아이는 경험으로 자라고, 아이의 뇌도 경험으로 만들어진다. 출생 직후의 뇌는 350그램 정도로 1.4~1.6킬로그램인 성인의 뇌에 비해 20~25퍼센트만 발달된 상태다. 뇌 발달은 뇌신경 세포인 뉴런, 뉴런과 뉴런을 연결하는 시냅스의 형성으로 이루어지는데, 시냅스 회로는 일상생활 속 경험을 통해 형성된다. 시냅스의 밀도는 만 3세 무렵까지 급격히 증가하다가 이후 감소하는데, 자주 사용하는 시냅스는 더 굵어지고 많아지는 반면, 사용하지 않는 시냅스는 점차 사라지면서 가지치기라는 퇴화 과정을 겪기 때문이다. 자주 사용하는 부분을 중심으로 시냅스가 형성되며 더욱 발달하는 이런 과정은 뇌 기능을 효율적이고 안정되게 한다. 마치 마을이 처음 생길 때 사람들이 다니는 곳에 생긴 오솔길이, 도시가 발전하고 교통량이 증가하며 포장도로로 통합·재개발되는 것과 같다. 출생 후 10대까지 아이의 뇌는 발달이 거의 다 이뤄지는데, 그중에서도 영유아기는 뇌시냅스의 발달과 변화가 가장 많이 진행되는 시기다. 만 6세까지는 결정적 시기critical period라고 하며, 이때 아이의 뇌가 성인 뇌 크기의 90퍼센트까지 성장한다. 이 시기 아이가 경험하는 다양하고 풍부한 자극은 뇌 발달의 주요 기초 공사에 필요한 재료가 된다. 그리고 이러한 기초 공사는 아이의 뇌가 앞으로 사회성에 필요한 기능을 수행하도록 한다. 사회성의 핵심인 공감능력과 정서 조절 능력 등은

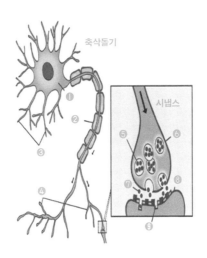

축삭돌기

시냅스

⑤ 소수포
⑥ 축삭돌기
⑦ 신경전달물질 분자
⑧ 가지돌기
⑨ 수용체

❶ 신경세포체
❷ 수초(미엘린초)
❸ 가지돌기
❹ 신경말단 부분

시냅스, 뇌신경 간의 연결

아이의 뇌 발달과 함께 이루어지기 때문이다.

뇌는 영역별로 그 기능과 발달 시기가 다르다. 각 시기에 따른 적절한 경험과 학습은 아이의 뇌를 건강하게 발달시킨다. 먼저 취학 전 유아기에는 뇌의 시냅스 연결과 가지치기가 가장 활발히 이루어진다. 감각, 언어, 인지 발달의 중요한 시기로서 아이는 안정된 애착 안에서 일상적인 자극을 경험하며 뇌신경이 발달한다. 발달심리학자 피아제는 감각을 통해 세상을 경험하는 0세부터 2세까지를 '감각운동 단계'라고 했다. 생애 초기에 중요한 자극은 주 양육자와의 정서적 교감과 언어적·비언어적 소통, 놀이 등이다. 아이가 모

아이의 사회성은 뇌와 함께 자란다

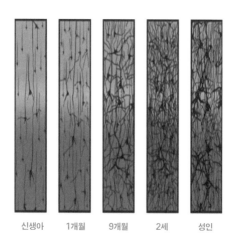

| 신생아 | 1개월 | 9개월 | 2세 | 성인 |

시간에 따른 시냅스 밀도 변화

방과 놀이를 하며 다양한 자극을 오감으로 경험하는 동안 만 3세까지 전체 뇌 발달의 약 80퍼센트가 이루어지는데, 이는 다른 시기와 비교할 수 없을 만큼 폭발적인 성장이다. 아이의 언어 발달도 이 시기에 가장 두드러진다. 감정의 뇌라 불리는 변연계가 발달하는 것도 이때다. 변연계가 안정적으로 잘 발달하기 위해서는 주 양육자의 정서적인 반응을 통한 감정 정보 전달이 중요하다. 눈을 마주치고, 웃고, 안아주는 등 긍정적인 정서 경험과 신체 접촉이 핵심이다. 3~6세까지 아이는 일상에서 생활 습관과 자기조절력을 배우며 사회성을 익힌다. 전두엽이 발달하며 정보를 처리하고 종합적으로 사

아이들이 사회를 만날 때

고할 수 있게 되는 데다, 예절과 도덕을 배우면서 인성도 발달한다. 놀이터만 가도 재미있고, 자유 놀이와 상상 놀이가 늘어나면서 창의성을 꽃피우기도 한다.

학교를 다니기 시작하는 학령기에 아이는 좀더 풍부한 경험과 학습을 하게 된다. 교실이라는 공간, 그리고 또래들과 맺는 다양한 관계 속에서 아이의 사회성은 집단적 환경으로 확대되며 한 차원 더 성장한다. 또래를 통해 배우는 세상은 더 넓고 재미있다. 다양한 친구가 있고, 그 친구들과의 비교를 통해 자신을 더 잘 알게 된다. 친구들과 놀며 경쟁과 협동, 양보와 배려, 리더십도 알게 된다. 그동안 뇌의 기초 공사를 통해 축적되었던 사회성의 기본기가 친구들과의 관계를 바탕으로 좀더 정교해지면서, 보드게임이나 스포츠 게임과 같은 규칙을 따르는 게임도 더욱 즐기게 된다. 주의력과 관련된 전전두엽도 7세를 전후로 급성장하고, 12~13세에 가지치기가 활발해지면서 좀더 효율적인 구조와 기능으로 변화한다.

청소년기에 접어들면 아이는 더 다양한 상황에서의 변증법적 경험을 통해 자신의 정체성을 확립해나간다. 사춘기 청소년의 뇌 역시 아직 공사 중이다. 이른바 중2병을 앓는 열세 살 전후에는 전두엽이 발달하면서 판단력과 논리적 사고력이 늘어난다. 하지만 강렬하게 경험하는 감정에 비해 감정을 통제하는 능력은 아직 충분하지 않다. 감정을 발생시키는 변연계의 발달에 비해 이를 통제하는 전두엽은 덜 발달한 시기이기 때문이다. 자신의 논리에 대한 자신감

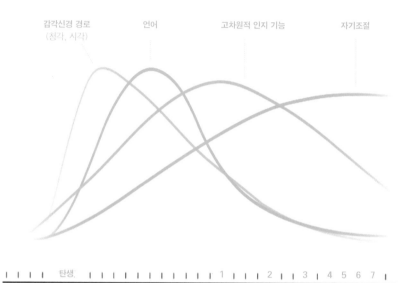

만 5세까지의 뇌 발달

감각신경 경로
(청각, 시각)

언어

고차원적 인지 기능

자기조절

탄생.　　　　　　　　　1　　　2　　3　4　5　6　7

은 있지만, 상대방의 입장이나 감정까지 고려하고 배려하는 데까지는 아직 나아가지 못한다. 사춘기의 감정 폭발과 공격적인 모습도 종종 보인다. 아이의 뇌는 10대 초반까지 양적 성장을 마친 뒤 20대 중후반까지 점점 성숙해진다. 17세쯤 되면 추상적 사고·논리적 사고 능력도 더 발달하면서 미래를 계획하고 자기 조절하는 능력이 더욱 숙달된다. 전전두엽에서도 흥분성 시냅스와 억제성 시냅스의 균형이 점차 맞춰진다. 뇌 발달이 성숙의 과정을 밟으면서 아이는 관계 안에서의 자기를 관찰하고 재정립하며, 감정과 행동을 조절하는 능력도 더 키우게 된다.

자기 조절력을 키워가는 뇌

뇌의 조절 기능은 뇌 구조에 따라 좀더 세분화된다. 사람의 뇌는 크게 3개 층으로 이루어져 있는데 각 층은 고유한 역할을 수행하며 상호작용한다. 먼저 뇌의 1층인 뇌줄기는 생명의 뇌, 파충류의 뇌라고도 불린다. 호흡, 심장박동, 혈압, 수면과 같은 생명에 기본적인 기능을 담당한다. 2층인 변연계는 감정의 뇌, 포유류의 뇌라고도 불린다. 모성애, 공포, 불안과 같은 정서와 관련 있다. 기억을 담당하는 해마, 감정 반응과 특히 공포 반응을 담당하는 편도체, 호르몬을 조절하는 시상하부도 변연계에 속해 있다. 3층인 대뇌피질은 생각

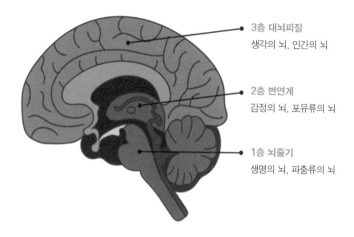

뇌의 3개 층 구조

의 뇌, 인간의 뇌라 할 수 있다. 대뇌피질은 인간 뇌의 약 80퍼센트를 차지하는데, 사람이 감정을 조절하고 이성적인 판단을 하며, 사회에서 도덕과 가치를 생각하고 지키는 것은 대뇌피질의 기능이다. 대뇌피질은 위치별로 전두엽, 두정엽, 측두엽, 후두엽으로 나뉘며 각각 구분된 기능을 갖는다.

대뇌피질 앞쪽에 위치한 전두엽은 실행과 조절에 있어서 가장 중요한 부위다. 일상을 계획하고 조절함으로써 인간을 인간답게 만들어주는 영역이 바로 전두엽이다. 뇌의 여러 기능을 조절하는 지휘자, CEO에 비유할 수 있으며, '생각하는 뇌'의 역할을 담당하므로 사회성 발달의 열쇠가 된다. 상황을 판단하고, 예측하여 계획을 세우고, 정서를 조절하며 관리하는 것 모두 전두엽의 기능이다. 전두엽의 생각하는 뇌가 기능하지 않으면 타인에 대한 공감능력은 발달하기 어렵다. 즉 생존에만 몰두하는 자기중심적인 상태가 된다. 전두엽이 발달하면서 아이는 하고 싶은 말과 행동을 떠올리되, 주변 상황과 다른 사람에게도 동시에 주의를 기울이고, 하지 말아야 할 행동은 멈출 수 있다. 전두엽의 생각하는 기능이 잘 이루어지는 상태에서는 감정이 과잉 활성화하는 것을 억제하고, 상황에 맞게 감정을 조절하며, 정서를 어느 정도로 표현할 것인지 합리적으로 판단하고 대응한다. 다른 사람의 감정이나 생각을 떠올리고, 느껴보기도 하며 타인에게 공감하고 소통할 수 있게 된다.

안와전두피질은 전두엽에서도 앞쪽인 전전두엽, 그중에서도 특히 안구 근처에 위치해 있는데, 변연계와 대뇌피질을 통합·통제한다. 감각, 감정, 이성 간의 연결과 통합은 자신의 감정과 행동을 조율하는 자기 조절 능력의 핵심적인 부분이다. 안와전두피질이 발달할수록 정서 조절 능력은 더욱 정교해지고, 아이는 욕구와 감정을 조절하며 행동을 스스로 자제하기 시작한다. 안와전두피질의 발달로 아이는 자신과 타인의 입장을 고려할 수 있으며, 부끄러움이나 죄책감, 책임감, 동정심과 같은 사회적 감정을 느끼고 판단하게 된다. 안와전두피질과 관련된 가장 유명한 사례는 1848년 철도 노동자 피니어스 게이지가 폭발에 의해 쇠기둥이 얼굴과 왼쪽 눈 뒤의 뇌를 관통하는 사고를 당한 사건이다. 부상을 당한 뒤 피니어스 게

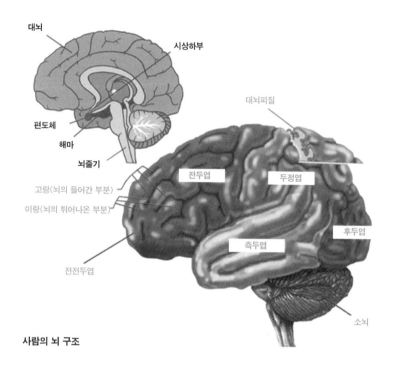

사람의 뇌 구조

이지의 성격은 완전히 돌변했다. 사고 전 친절하고 신뢰감 있었던 그는 감정을 통제하지 못하고 충동적인 데다 난폭한 행동을 보였으며, 사회적 관계 및 상황에 대한 판단을 할 수 없게 되었다. 그 결과 안타깝게도 가족과 친구들에게 버림받았는데, 게이지의 사례는 전전두엽이 사회성 발달의 핵심이자 열쇠임을 알게 해주었다.

인간관계에서의 경험과 대처에는 많은 감정이 동반된다. 이때 전전두엽은 감정을 판단하고 조절한다. 그렇다면 이러한 감정은 어디

아이들이 사회를 만날 때

서 발생하는 것일까. 감정의 뇌인 변연계는 정서에 영향을 주는 자극에 반응하면서 다양한 감정을 일으킨다. 특히 변연계 내의 편도체가 이러한 감정 반응에 중요한 역할을 한다. 편도체는 전두엽과 가까이에 위치하며, 기억을 담당하는 해마와도 밀접하게 연결되어 있다. 기억은 그 당시의 감정과 함께 저장되곤 한다. 누구나 놀람, 기쁨, 또는 무서움을 느꼈던 장면을 더 인상적으로 기억할 것이다. 아이가 관계 안에서 경험하는 다양한 감정은 그 당시 상황과 자신의 행동, 주변의 반응과 함께 장기 기억으로 저장된다. 그래서 감정은 사회성의 학습에도 중요한 부분이 된다. 아이는 관계 안에서 스스로 만족하고 즐거웠을 때, 주변에서 긍정적인 반응을 보였을 때, 수치심과 부끄러움을 느꼈을 때, 그 각각의 상황에 대해 당시의 감정 그리고 자신의 행동과 말이 어떤 것이었는지를 기억해낸다. 이러한 감정과 연결된 기억은 아이가 스스로 만족할 만한 사회적 역할을 찾아가게 하는 동기가 된다. 「인사이드 아웃」이라는 애니메이션에서는 기쁨이, 슬픔이, 버럭이, 까칠이, 소심이와 같은 감정 주인공들이 아이의 뇌 안에서 말과 행동을 조절하는 모습을 보여준다. 주인공 아이의 매 순간 경험은 그 당시 감정 색깔의 구슬로 만들어져 기억 저장소에 보관된다. 또한 아이의 삶에서 중요한 장면으로 만들어진 핵심 기억 구슬의 감정 색깔은 아이가 세상을 바라보고 인식하며 표현하는 모습에서 감정의 톤을 조절한다. 아이의 뇌 안에서 감정과 연결된 기억이 상황과 관계에 미치는 영향을 영화로

아이의 사회성은 뇌와 함께 자란다

살펴보노라면, 감정의 뇌가 사회성에 얼마나 중요한 역할을 하는지 알 수 있다.

이처럼 아이는 다양한 상황을 접하며 매 순간 감정과 기억을 만들어내고, 이러한 경험으로 세상과 관계에 대해 알아가게 된다. 그리고 부모는 아이가 가능한 한 안정된 환경에서 편하고 즐거운 관계를 경험하며 성장하길 바란다. 하지만 세상은 무균실과 같은 안전한 환경만을 제공해주진 않는다. 아이는 때로 거절당하고 인정받지 못하며 상처를 입는다. 그리고 그러한 경험 속에서도 아이는 성장한다. 감정적인 고통은 자신의 생각과 행동 방식을 되돌아보고 변경할 필요성을 느끼게 만든다. 시간이 지나면서 모든 사람으로부터 인정받거나 사랑받을 수는 없으며, 그럴 필요가 없다는 것도 알게 된다. 다른 사람의 기준에 맞추는 것보다 자기 마음을 지키는 게 더 중요함을 깨닫는 것이다. 그러면서 아이는 또래와 구별된 자기만의 정체성을 만들어나간다. 자기 스스로를 인정하고 사랑하는 마음도 생긴다. 사회성이라는 것은 스스로에 대한 존중 없이 타인에 대한 이해와 배려만으로 이루어질 수는 없다. 자신의 진짜 감정과 생각을 포기하거나 뒤로하고 숨기면서까지 타인의 인정과 기대에만 의존하는 행동은 진정한 사회성이 아니다. 아이 스스로의 마음에서 우러난 감정과 판단으로 이루어지는 사회적 행동이 자신에게나 상대방에게나 모두 의미를 지닌다. 그리고 자신의 감정을 잘 느낄 수 있는 아이가 상대방에게도 진심으로 공감할 수 있다. 바로 감

아이들이 사회를 만날 때

정의 뇌인 변연계의 역할이다.

삶에서 내적 상처는 피할 수 없는 것이고 성장을 위해 필요한 부분도 있지만, 때로는 삶의 트라우마가 되어 강력하고도 지속적인 영향을 미친다. 아이들은 또래관계에서 친구를 사귀고 관계를 유지하는 법도 배우지만, 따돌림이나 폭력을 반복적으로 경험하기도 한다. 안타깝게도 애착 대상인 부모와의 관계에서 학대를 당하는 아이들도 있다. 이런 아이들은 세상에 대한 부정적인 믿음을 뿌리 내리기도 한다. '자라 보고 놀란 가슴 솥뚜껑 보고 놀란다'는 속담처럼, 지금은 안전해진 상황에서도 대인관계에 불안을 느끼고 타인들에게 다가서지 못한다. 트라우마에서 경험한 불확실성과 공포가 생존을 위한 뇌의 경보 시스템인 편도체를 과잉 활성화시키기 때문이다. 경보 시스템은 더 이상 상처받지 않도록 조심하면서 스스로를 지키기도 하지만, 타인의 말 한마디에 신경을 곤두서게도 하고 평소보다 더 날카로운 반응을 불러일으키기도 한다. 사실 날카로운 반응 역시 예상되는 위험으로부터 스스로를 지키는 측면이 있다.

문제는 지금은 안전한 상황임에도 불구하고 비현실적인 위험을 반복적으로 느끼는 것이다. 트라우마를 입은 뇌는 상황에 대한 차분한 파악보다는 생존을 우선시한다. 변연계가 공포나 불안, 분노 등으로 과잉 활성화되면 전두엽의 생각하는 기능은 저하된다. 합리적으로 사고하고 배우는 것이 어려우며 타인에 대한 공감도 어려워진다. 사소한 부분에도 예민해지고 때로 충동적이거나 폭발적인 반응을 보인다. 주의집중을 잘 못하고 학습의 효율도 떨어진다. 편도체의 불필요한 폭주를 막고 현재가 안전한 상황임을 인식하며 감정을 조절하기 위해서는 저하된 전두엽의 기능이 회복되어야 한다. 현재 상황을 차분하게 바라볼 수 있을 때, 전두엽의 생각하는 기능은 다시 활성화된다. 편도체가 두려움과 공격성을 느끼고 이를 표출할 때, 전두엽은 이러한 감정이 상황에 대해 적절한 수준인지, 어느 정도로 표현할지를 판단한다. 지금 여기에 집중하는 마음챙김mindfulness 명상은 전두엽 기능을 회복하고 변연계를 안정화하는 데 도움이 된다. 하지만 아이의 변연계가 반복적인 트라우마로부터 많이 놀란 상황이라면 좀더 전문적인 평가와 치료가 필요할 수 있다. 치료자와의 안정된 정서적 경험과 뇌 내 신경전달물질 간의 균형을 조절하는 약물치료는 변연계가 안정을 되찾도록 돕는다.

공감하는 아이가 더 행복하다

거울신경mirror neuron은 관계를 모방하고 조절하는 대표적인 부위다. 다른 사람의 행동을 거울처럼 반영한다고 해서 붙여진 이름으로, 관찰자가 다른 사람의 표정과 행동을 볼 때 스스로 경험하는 것처럼 느끼게 한다. 그래서 옆 사람이 하품할 때 나도 모르게 하품이 나오고, 영화 속 주인공이 실수로 못을 밟는 장면이 나오면 마치 내

발이 찔리는 것처럼 얼굴이 찡그려지며, 연인의 마음이 아플 때는 내 마음도 아프다. 거울신경은 1990년대에 자코모 리촐라티 교수 팀이 짧은꼬리원숭이의 운동신경을 연구하던 중에 우연히 발견되었다. 연구팀은 원숭이가 음식에 손을 뻗을 때의 뇌신경 세포 활동을 측정하고 있었는데, 원숭이가 손으로 땅콩을 집었을 때 활성화됐던 뇌신경 세포가 연구팀의 실험자가 우연히 손으로 땅콩을 집어들었을 때도 활동하는 것을 발견한 것이다. 이후 뇌영상 등의 장치를 활용한 행동 관찰 연구를 통해 사람에게도 전두엽의 운동 조절 중추와 두정엽의 아래쪽, 그리고 측두엽에 거울신경이 있다는 것을 발견했다.

거울신경은 생후 8~9개월부터 아이가 사회성을 습득하도록 돕는다. 아기는 엄마의 표정과 입 모양, 말소리를 그대로 따라하고, 좀 더 크면 또래나 언니 오빠의 행동과 말을 따라서 한다. 거울신경의 모방 기능은 아이들이 더 많은 경험을 뇌에 입력하게 하여 언어와 사회적 행동을 학습하고, 또래 간의 자연스러운 어울림을 만들어내는 데 결정적인 역할을 한다. 함께 웃고 함께 울게 만드는 거울신경의 역할은 아이의 공감능력도 발달시킨다. 타인의 표정과 행동을 바라보는 것만으로도 같은 부위의 뇌신경 세포가 활성화되기 때문에 간접적이지만 깊이 있는 경험을 가능하게 한다. 이러한 공감적 경험은 단순한 모방을 넘어 다른 사람의 기분, 생각, 의도, 감정을 알아차리고 행동의 이유를 파악하게 한다. 아이는 자신의 직접적인

아이의 사회성은 뇌와 함께 자란다

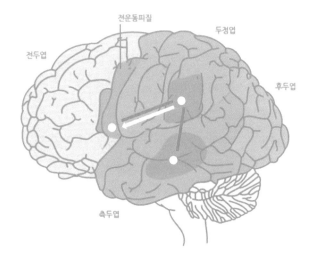

거울신경 뇌 부위. 연구에 따르면 거울뉴런(표시 부분)은 뇌의 세 곳에 분포한다. 전두엽 전운동피질 아래쪽과 두정엽 아래쪽, 측두엽 뇌섬엽 앞쪽이다. 거울신경 간 상호작용을 통해 지각한 행동의 의미를 파악하고 감정을 경험한다.

경험에 더하여 거울신경이 제공하는 다양한 간접 경험으로부터 사회적 규칙과 감정에 대한 자원을 빠르게 축적한다.

전두엽 역시 아이의 공감능력과 관련 있다. 다른 사람의 입장이나 마음이 어떨지 생각해보는 것은 전두엽의 기능이다. 언니는 동생이 보드게임에서 졌을 때 얼마나 속상할지 알고 위로해준다. 애니메이션「라이언킹」에서 아기 사자 심바가 위험에 처했을 때 아이는 마치 주인공이 된 듯 무서워한다. 각각 인지적 공감과 감정적 공감의 예로서 전두엽이 관여하는 기능이다. 특히 감정적 공감은 뇌의 여러 영역과 연관된다. 편도체는 공포, 슬픔, 행복의 감정에 관여하는 반면, 안와전두피질은 분노에 공감하는 데 주로 관여한다. 그리고 뇌섬엽에서는 혐오 감정이 일어난다.

아이의 도덕성은 선악을 판단하고 이를 실천으로 이끈다. 도덕성에는 다양한 뇌 부위가 관여하는데, 도덕적인 판단과 행동이 필요한 상황은 대개 단순하기보다는 복잡하고 도덕적 행동의 정의 역시 상황의 전후 맥락에 따라 달라지기 때문이다. 도덕적인 판단을 하려면 상황에 대한 감정 반응은 물론 사회적 규칙에 대한 인식도 요구된다. 따라서 도덕성에서도 변연계에 속해 있는 편도체와 전전두엽의 조화가 중요하다. 편도체는 감정과 그에 따른 욕구를 발생시킨다. 본능적인 안전함, 식욕 등의 욕구뿐 아니라 즐거움, 소통, 인정 등에 대한 욕구도 편도체가 담당한다. 하지만 이러한 욕구들이 항상 충족될 수는 없으며 때로는 사회 규범이나 타인의 욕구와 충돌기기도 한다. 전전두엽은 이러한 욕구들 간의 우선순위를 판단하고 조율한다. 그렇기 때문에 아이는 혼자 먹고 싶은 과자를 친구에게 나눠주고 아끼는 장난감을 동생에게 빌려주기도 한다. 친구가 폭력이나 따돌림을 당할 때에 두려운 상황을 피하고 싶은 마음을 가다듬으며 친구에게 손 내밀고 주위 어른들에게 도움을 요청한다. 다른 사람과 스스로에 대한 판단을 통해 본능을 억제하고 사회 규칙을 지키며 자신의 양심에 따를 수 있게 된다. 상대방의 입장이 되어 생각해보게 하는 대뇌피질의 측두엽과 두정엽, 그리고 혐오감을 관장하는 뇌섬엽도 도덕적 판단에 관여한다. 도덕성의 발달은 사회 규칙을 지키기 위한 것만이 아니다. 자신의 판단을 신뢰하고 스스로를 뿌듯하게 여길 수 있는 아이는 행복하다. 도덕적인 아이가 더 행복한 것이다.

조화로운 뇌가 주는 몰입과 즐거움

앞서 살펴본 것처럼 감정이 발생하는 변연계, 그리고 감정을 인식하고 다루는 전두엽의 조화로운 상호작용 및 균형은 아이가 정서를 조절하고 적절히 표현할 수 있게 하며, 이는 사회성의 중요한 부분이 된다. 뇌에서 발생하는 다양한 신경전달물질도 상황에 맞게 작용하면서 아이의 생각과 마음, 관계를 조절한다. 즐거움과 흥분을 불러일으키는 도파민, 정서적 안정을 돕고 쾌적함과 편안함을 느끼게 하는 세로토닌, 기운을 북돋워주는 노르에프네프린과 같은 신경전달물질 간의 조화는 아이가 일상을 좀더 감동적으로 경험할 수 있게 한다. 뇌가 조화로운 상태일 때 아이는 몰입과 즐거움을 경험한다. 아이가 세상을 살아가는 데 뇌의 특정 영역이 아닌 전체적인 발달이 필요한 이유다. 아이의 뇌 안에서 전두엽과 편도체, 생각과 감정, 세로토닌과 도파민이 상황에 따라 조화와 균형을 찾으며 언어와 행동을 조율해 표현하는 순간들은, 아이가 사회 속에서 한 명의 인간으로 살아가는 발달 과정이기도 하다.

행복한 아이의 건강한 뇌 발달을 위한 9가지 습관

아이의 뇌 발달은 아이가 세상에서 성장하는 과정을 함축한다. 아이의 뇌가 건강하게 발달하려면 어떻게 도와주어야 할까. 그리고 뇌의 전체적이고 조화로운 발달을 위한 풍성한 경험은 어떤 것일까. 주변 사람들뿐 아니라 인터넷 사이트들은 아이의 뇌 발달에 좋다는 수많은 정보와 프로그램들을 알려주어 때로는 혼란스럽다. 이런 때일수록 가장 기본이 되는 것부터 다시 살펴보자.

안정된 애착 아이의 뇌는 주 양육자와의 관계, 특히 안정된 애착 안에서 조화롭게 발달한다. 애착과 신뢰는 아이의 뇌 발달에서 가장 중요한 요소다. 편안한 눈맞춤, 따뜻한 포옹과 신체 접촉, 아이의 몸짓과 표정에 반응하는 엄마의 미소, 힘든 감정을 표현해도 괜찮다는 안전한 느낌, 부모는 나를 이해하고 내 편이 되어줄 것이라는 신뢰, 안정된 애착 안에서의 이 모든 상호작용이 아이의 뇌를 조화롭게 발달시킨다. 신뢰할 수 있고 예측 가능한 주 양육자와의 관계에서 아이는 자신의 행동에 따른 타인의 반응에 안정감을 느끼며 이를 습득해나간다. 자신을 보는 엄마의 얼굴 표정을 바라보며 공감능력을 발달시키고, 엄마가 자신을 달래주는 모습에서 아기는 스스로를 달래며 감정 조절 능력을 키워간다. 가장 가까운 관계 안에서 일관성 있게 반복되는 경험으로 자신의 정체성을 확립해가는 것이다. 때로는 따끔한 지적과 훈육도 받으면서 행동을 조절하는 법을 배우고, 그럼에도 다시 따뜻한 사랑을 경험하면서 변연계는 안정된 상태로 돌아온다. 아이는 세상과 자신에 대한 믿음 그리고 회복력을 점점 더 갖게 된다. 안정된 애착 경험은 뇌의 기초 공사를 위한 지반 다지기와 같다. 만약 모래 위에 성을 쌓는다면, 겉으로는 튼튼해 보일지 몰라도 언젠가 무너지기 마련이다.

즐거운 놀이　아이는 놀이를 통해 마음의 세계를 창조한다. 즐겁게 뛰어노는 아이는 지금 여기에 온전히 집중한다. 놀이하는 동안 아이의 뇌는 호기심과 함께 상상력, 창의력, 몰입력을 발달시킨다. 놀이의 흥분감은 변연계를 활성화시키고, 전두엽도 변연계와 상호작용하며 함께 활성화된다. 감정의 뇌, 상상의 뇌가 발달한다. 꼭 현실 세계에서 모든 것을 경험할 필요는 없다. 놀이가 만들어낸 상상의 세계에서도 아이는 감정을 경험하고 조절하는 연습을 한다. 아이는 상상 속에서 꼭 필요하고 딱 적절한 만큼 세상을 다시 경험한다. 놀이는 감정과 생각, 잠재된 욕구를 자연스럽게 표현하도록 하고, 그 과정에서 아이의 긴장이나 불안, 좌절감이 해소된다. 경험했던 관계를 놀이에서 재현하며 사회적 감정은 점차 숙달된다. 그런 면에서 놀이는 부모가 현실에서 모두 제공해줄 수 없는 다양한 경험을 하게 한다. 그것도 지금 이 순간 아이에게 필요한 바로 그 경험을 말이다. 또래와의 놀이 시간은 사회성 훈련의 실제다. 차례를 지키는 인내심, 게임에서 졌을 때 좌절감을 견디는 힘, 친구가 졌을 때는 자신의 이전 경험으로부터 친구에게 공감하고 상대를 위로하는 것 모두 놀이에서 배울 수 있다. 마음껏 노는 것은 아이의 신체 발달은 물론 감성과 지성, 사회성의 발달에 결정적 역할을 한다.

충분한 수면 자는 동안 아이의 뇌는 자란다. '잠이 보약'이라는 진부하기 그지없는 문장은 과장도 아니고 흘려 들을 말도 아니다. 부모라면 아이가 태어나서 세상을 처음 탐색하며 스펀지처럼 경험을 흡수하고 하루하루 다르게 성장하던 때가 기억날 것이다. 동시에 하루 중 대부분을 잠만 자던 아기의 모습도 기억할 것이다. 좀더 크면 어린이집에 등원하더라도 일정 기간 낮잠이 필요하다. 세상을 가장 많이 경험하고 가장 빠른 학습이 이루어지는 시기, 즉 뇌 발달이 가장 많이 이루어지는 시기에 아이는 잠을 가장 많이 필요로 한다. 충분한 잠은 뇌 발달에 있어서 핵심 요소다. 잠자는 시간은 그날의 기억을 우선순위에 따라 정리하고 장기 기억으로 저장하며, 뇌 신경 세포가 연결되고 재활성화되는 중요한 시간이다. 그날의 경험도 그날의 학습도 잠을 통해 완성된다. 충분한 휴식을 취한 뇌는 건강한 아침을 시작한다. 그날 하루의 기분과 컨디션이 달라지는 것은 물론이다. 잠이 부족하면 주의력이 감소되고, 우울한 기분이나 충동성이 증가할 수 있다. 사람은 나이를 먹으면서 필요한 수면 시간이 줄어드는 경향은 있지만 우리나라 아이들은 학교에 입학하고 학업을 본격적으로 시작하면서 잠자는 시간이 급격히 줄어드는 경향이 있다. 심지어 잠자는 시간을 아까워하는 분위기가 만연해 있다. 학령기 아이들은 평균 10시간 이상의 잠이 필요하고, 청소년기에도 9~10시간의 잠이 필요하다. 만약 그렇게 하고 있지 못하다면 우리 아이들은 무엇을 위해 잠을 못 자는 것일까. 잠자는 시간이 아깝다는 생각에, 어쩌면 매일 한 번만 먹을 수 있는 가장 신통한 보약을 놓치고 있는 것은 아닐까.

건강한 식사　뇌가 배고프면, 생각과 마음도 메마른다. 뇌는 우리 몸에서 전체 체중의 2퍼센트에 불과하지만, 체내 에너지의 20퍼센트를 소비한다. 생각하는 것도, 말하는 것도, 움직이는 것도 모두 뇌가 명령을 내리고 조율해야 하니 사실 뇌는 언제나 바쁘게 활동하고 있는 셈이다. 아이들의 뇌가 급속히 발달하는 결정적 시기에는 더 많은 에너지를 필요로 한다. 주의할 점은 아침에 눈을 떴을 때 이미 뇌가 사용할 포도당은 거의 남아 있지 않다는 것이다. 잠자는 동안에도 뇌가 쉬지 않고 하는 일들을 떠올려보면 충분히 그럴 만하다. 포도당이 부족하면 뇌 기능도 떨어지지만, 뇌신경 발달에도 부정적인 영향을 미친다. 뿐만 아니라 삶의 활력에 필요한 신경전달물질의 생성도 감소된다. 든든한 식사까지는 못하더라도 아침은 꼭 챙겨 먹자. 또 이왕이면 잘 씹어 먹는 것이 뇌에 좋다. 리드미컬한 저작운동은 세로토닌의 분비를 돕는다. 음식의 모양과 색깔을 자세히 살펴보고, 향도 맡아보며, 천천히 오래 씹으면서 입안에서의 맛과 식감을 음미하는 것은 음식을 활용한 마음챙김 명상이 된다. 식사 시간에 아이와 마주앉아서 눈을 맞추고 오늘 일과와 내일을 기대하는 대화까지 나눌 수 있다면 일석삼조다. 맛있는 식사 시간, 즐거움을 기대할 수 있는 순간이 하루에 세 번이나 있다.

땀 나는 운동 운동화를 신은 뇌는 달릴 수 있다. 운동은 뇌신경을 연결하고 학습 효과도 증진시킨다. 운동으로 에너지를 발산한 아이는 곧이어 차분히 집중할 수 있게 된다. 운동할 때는 하나의 신체 움직임에도 뇌의 여러 부위가 관여한다. 걷기만 하더라도 어디로 얼마만큼 걸을지 목표와 방향을 생각해야 하며, 주위에 장해물은 없는지, 안전한 곳인지도 살피고 판단해야 한다. 이어서 대뇌의 운동 영역은 필요한 근육이 적확하게 작동하도록 명령을 내리고, 협응과 균형을 담당하는 소뇌도 함께 작용한다. 특히 땀 흘리며 운동할 때 만들어지는 인슐린양성장인자IGF-1는 뇌의 영양제라 할 수 있는 뇌신경성장인자BDNF도 만들어 뇌가 더욱 발달하게 한다. 뇌신경성장인자는 신체 운동량에 비례해 분비되는데 신경세포를 더 많이 만들게 하고 신경망의 연결을 강화한다. 기억을 담당하는 해마의 신경세포 생성과 회로를 촉진하면서 기억력의 호전 및 회복과도 연관된다. 또한 운동은 도파민, 세로토닌, 노르에프네프린과 같은 신경전달물질의 생성을 촉진한다. 운동 후 후련하고 상쾌한 기분이 드는 것은 그 때문이다.

자연의 리듬 시간에 따라 변화하는 자연의 다양성은 반복되는 리듬과 함께 펼쳐진다. 꽃향기를 찾아가는 나비, 파란 하늘에 펼쳐진 양떼구름, 다가오는 듯 멀어지는 바다 물결, 산들바람과 함께 춤을 추는 갈대, 핑크 빛 하늘 아래 서서히 구름으로 숨어 들어가는 태양, 달빛 아래서 노래하는 풀벌레 소리. 이 모든 경이로운 장면과 순간은 시시각각 반복되며 동시에 변화한다. 아이의 오감이 다채롭게 자극되고, 가상이 아닌 현재가 매 순간 입체적으로 경험된다. 쾌적 호르몬인 세로토닌이 분비되고 마음이 차분해진다. 자연의 반복되는 리듬 속에서 작은 변화를 알아차릴 수 있는 아이는 반복적인 일상에서도 다양하고 풍성한 경험을 할 수 있다. 반복의 안정감과 변화의 흥분이 함께 만들어내는 리듬은 즐거움과 감동을 유지하며 매 순간 의미 있게 존재하는 게 어떤 것인지 알려준다. 가장 조화로운 자연의 모습은 가장 조화로운 뇌의 상태와 공명을 이룬다. 아이의 뇌가 자연에서만 경험할 수 있는 균형과 조화다.

편안한 명상 아이의 뇌는 비울 때 채워진다. 우리 머릿속 고민이 해결되거나 잡생각이 사라질 때 비로소 눈앞의 행복한 순간을 잡을 수 있는 것처럼 말이다. 하지만 요즘 시대는 아침에 눈 뜨면서 밤에 잠들기까지 무언가를 편안하고 차분히 느끼기 어렵다. 메신저 알람, 자극적인 뉴스 기사, 유튜브의 관련 영상 등 현대인의 정신을 산만하게 만드는 자극들은 아이들도 똑같이 겪는다. 그뿐인가. 또래 간에 신경 쓸 일은 매일 역동적으로 일어나고, 집에서는 해야 할 숙제도, 하고 싶은 게임도 참 많다. 그날 있었던 일을 추스르고 차분히 정리하기도 전에 다른 일들이 생기곤 한다. 이런 아이의 뇌도 휴식이 필요하다. 그래서 바쁜 때일수록 필요한 것이 마음챙김 명상이다. 명상이 뇌의 활동성을 변화시켜 외부의 복잡한 자극을 차단하고 정신을 맑게 하는 것은, 마치 컴퓨터에서 여러 프로그램이 얽혀 버벅거릴 때 재시동하여 다시 쾌적한 상태로 만드는 것과 같다. 감각에 집중하면서 가벼운 심호흡을 해보자. 복잡했던 생각은 가라앉고 고요하고 편안한 마음이 차오른다. 이완과 집중이 조화를 이룬다. 전전두엽의 신경 발달이 촉진되고 기능도 향상된다. 늘 눈앞에서 놓쳤던 아름다운 풍경, 매일 먹었던 음식에 숨어 있었던 깊은 맛과 향, 매 순간 코끝을 스쳐 지나가는 상쾌한 공기. 명상할 때에야 비로소 온전히 경험할 수 있는 현재라는 선물이다. 어린아이는 명상을 길게 하기도 어렵고 굳이 깊어야 할 필요도 없다. 잠시 자세를 반듯하게 하고 앉아서 몸의 감각을 느껴보는 것만으로도 충분하다. 간단해도 좋고 즐겁다면 더 좋다. 부모가 아이와 마주보고 앉아서 가벼운 미소를 주고받는 것은 함께 하는 명상의 시작이 된다.

적기 교육 감각, 운동, 언어, 인지 등의 영역을 담당하는 뇌 부위의 발달은 각각 최적의 시기가 있다. 그래서 뇌가 준비되어 있을 때 하는 교육이 효과적이라는 '적기 교육'이 강조되며, 이는 뇌기반 학습이라고도 불린다. 아이마다 교육의 적기는 다를 수 있는데, 이는 연령에 따른 일률적인 커리큘럼이 아닌 내 앞의 아이를 잘 관찰할 때 가장 잘 알 수 있다. 뇌 발달이 폭발적으로 이루어지는 영유아기는 '결정적 시기'라 불리는데, 결정적인 만큼 '민감한 시기sensitive period'이기도 하다. 아이의 인지 발달을 위해 이 시기를 놓치면 안 된다는 부모의 불안은 이른바 '선행 학습'으로 이어지기도 한다. 적절한 시기에 다양한 자극을 주는 것은 뇌 발달에 도움이 되지만 주변과의 비교 속에서 불안과 함께 시작된 조기 교육이라면 조심해야 한다. 부모는 아이의 교육 계획이 자신의 불안에서 비롯된 것은 아닌지 스스로 점검해야 한다. 아이가 배우는 과정에서 편안해하는지, 자발적인지, 즐거운지 확인하는 것은 적기 교육 여부를 판단하는 데 도움이 된다. 시기에 맞지 않는 과도한 학습은 스트레스 호르몬인 코르티솔을 분비시킨다. 장기간 코르티솔이 분비된다면 아이의 기억과 관련된 해마를 위축시키고, 시냅스의 생성을 방해하며 전두엽의 기능을 약화시키는 독성을 갖게 된다. 편도체의 민감한 반응으로 아이의 각성 수준은 높아지며, 평소보다 더 예민하고 불안해진다. 부모의 의도와 반대로 뇌세포가 파괴되고 학습에 중요한 기억력, 판단력의 발달이 오히려 저해되는 것이다. 결정적 시기의 역습이자 조기 교육의 함정이다. 삶에서 학습보다 더 중요한 것이 많다는 것을 우리는 어른이 돼서야 깨닫는다. 아이를 위한다는 교육이 어쩌면 부모의 불안을 달래기 위한 것은 아니었을까. 특히 아이의 뇌가 급속히 발달하는 취학 전에는 사회성, 인성 발달을 위해 과도한 학습을 지양하고 행복한 놀이의 경험을 심어주자. 아이에게 정말 필요한 것은 지금 당장의 '아웃풋'이 아니라 평생 사용할 '건강한 뇌'라는 사실을 되새겨보자.

미디어 디톡스 뇌의 발달은 오감으로 느끼는 입체적인 경험, 그리고 대상과의 상호작용으로 이루어진다. 영유아의 언어 발달 역시 자신의 옹알이에 대한 엄마의 눈맞춤, 표정과 반응에서부터 시작되며, 아이는 자신의 발달 수준에 맞춰진 경험과 상호작용에서 의사

아이의 사회성은 뇌와 함께 자란다

소통을 배울 수 있다. 이러한 자연스러운 뇌 발달 과정의 바로 반대편에 미디어 영상의 잦은 노출이 있다. 특히 만 2세 이하의 아기에게 빠른 속도로 진행되는 미디어는 상호작용이 배제된 무의미하고 과도한 자극일 뿐이다. 미디어의 과도한 노출 시간은 인지 및 언어 발달 지연, 주의력 결핍과도 관련 있다. 스마트폰 영상이나 게임의 강한 자극도 마찬가지다. 아니 언제나 손에 있어서 더 그렇다. 미디어와 게임의 강렬한 자극은 아이가 정말 느끼고 경험해야 할 일상의 다양한 경험을 무덤덤하게 느끼게 하며 지루하게 받아들이게 한다. 아이는 다시 스마트폰을 찾게 되고 자극적인 영상의 흐름과 함께 시간도 의미 없이 흘러간다. 스마트폰의 설정에 들어가보면 그날의 스크린 타임을 확인할 수 있다. 부모와 아이의 스크린 타임을 같이 확인해 하루 10분이라도 줄여보자. 그리고 그 시간만큼 아이와 눈 맞추고 대화하며 즐거운 시간을 보내자. 요즘 시대에 미디어 디톡스는 성인인 부모에게도 쉽지 않다. 나 역시 어려워 매일 퇴근하는 길에 다짐해본다. 그리고 아이와 함께 소통하는 지금이 서로에게 다시 오지 않을 얼마나 소중한 순간인지 느껴질 때면 오늘도 다짐하길 잘했다는 생각이 든다.

사회성의 발달, 사회성 발달에 필요한 아이의 뇌 발달, 그리고 아이의 뇌 발달을 위한 다양한 경험. 그 다양한 경험은 특별한 프로그램이나 누군가의 대단한 코칭이 아니다. 우리가 찾던 다양하고 풍부한 경험은 지금 여기 눈앞의 일상에 늘 존재한다. 마주보고 있는 아이와 부모도 서로에게 경험과 기억으로 매 순간 새롭게 존재하게 된다. 그리고 그러한 경험은 어떤 아이와도 똑같지 않은 내 앞의 사랑스러운 아이에게 지금 필요한 바로 그 경험이 된다. 소중한 것은 늘 가까이에 있고, 가까이에 있는 것은 그 소중함을 잊어버리기 마련이라지만, 다행히 우리는 숨겨진 보석 같은 일상을 발견하고 새롭게 경험하며 아이와 함께 나누는 것을 매 순간 선택할 수 있다. 그리고 어쩌면 우리는 마음속 걱정과는 달리 이미 충분히 잘하고 있는지도 모른다.

4장

영유아기에 자신과 타인의 마음을 읽도록 돕는 방법

마음을 읽는 능력이 싹트다, 영유아기 아이들의 사회성 돕기

김효원

영유아기는 다른 사람들과의 상호작용이 시작되는 시기다. 아기들은 태어난 지 며칠 지나지 않아 눈을 맞추고 웃고 소리를 내서 자기를 돌보는 사람의 관심을 끌려고 한다. 잠든 줄 알고 엄마가 자기를 내려놓거나 멀어지려고 하면 그러지 말라면서 울음으로 표현한다. 엄마도 아기가 자기를 보고 웃어주며 소리 내는 것이 예뻐서, 같이 눈 맞추고 안고 놀아주고 또 아기말parenthese을 하는 등 상호작용을 이어간다. 이렇게 엄마 혹은 주 양육자와의 상호작용이 생후 수일 내에 시작된다. 그리고 인생의 첫 번째 대상과의 상호작용을 통해서 아이의 사회성은 자라나기 시작한다.

영유아기에 자신과 타인의 마음을 읽도록 돕는 방법

사람과 사람이 관계를 맺는 데에는 다양한 능력이 필요하다. 자신과 다른 사람의 감정을 이해하는 능력, 자신과 다른 사람의 입장이 같지 않다는 것을 이해하는 능력, 다른 사람과 관심사나 감정을 공유하는 능력, 자기 자신을 바라보는 능력과 자존감, 그리고 감정과 행동을 조절하는 능력 등이 사회성의 기초가 된다. 그리고 이런 능력의 대부분은 영유아기에 형성되기 시작한다. 그래서 영유아기에 경험하는 것들은 아이들의 사회성을 형성하는 데 중요한 역할을 한다. 또한 영유아기 아이들의 경험은 대부분 부모와 함께 하는 것이기 때문에 아이의 사회성 발달에는 부모와의 상호작용이 가장 중요하다. 다른 말로 하면 사회성 발달의 기초를 쌓는 것을 돕는 데 부모가 핵심적인 역할을 한다.

다른 사람과 관심사나 감정을 공유하는 능력은 같은 곳을 바라보는 합동주시joint attention와 함께 시작된다. 합동주시란 아동이 상호작용하는 상대와 같은 곳을 바라보면서 함께 주의를 기울이는 능력을 말한다. 생후 9개월경이 되면 아이들은 엄마가 바라보는 곳, 고개를 돌리거나 손가락으로 가리키는 방향을 따라서 보기 시작하고, 10~12개월에는 엄마가 바라보기를 원하는 방향을 가리키면서 엄마의 관심을 끌기 시작한다. 처음에는 먹고 싶은 것이나 손이 닿지 않는 곳에 있는 장난감같이 필요한 것부터 가리키지만, 얼마 지나지 않아 예쁜 강아지나 날아가는 풍선같이 자기 마음에 들거나 관심을 갖게 된 것을 가리킨다. 나이가 더 들면 손가락으로 가리키는 행동 자체는 줄어들지만, 자신의 관심사나 감정, 혹은 성취한 것들을 친구나 주변 사람들에게 이야기하고 싶어하며 이해받으려는 욕구는 지속되는데, 이런 욕구 또는 관심사를 나누는 것을 시작하는 능력은 사회성의 기초가 된다. 우리가 친구나 연인과 함께 있을 때 편하고 행복한 기분이 드는 것은 좋아하는 것, 기뻤던 일, 속상한 것, 걱정되는 것, 혹은 내가 뭔가를 성취해서 자랑스러운 것들을 함께 이야기하고 나눌 수 있기 때문이다. 이렇게 무언가를 함께 하는 능력은 돌 이전에 이미 합동주시의 형태로 자라나기 시작한다.

자신과 다른 사람의 감정을 이해하는 능력도 사회성의 중요한 요소 중 하나다. 태어난 지 얼마 안 된 작은 아기도 흥미, 불편함, 만족감과 같은 기본적인 감정을 느끼고 얼굴 표정이나 소리로 표현한다. 2~7개월이 되면 분노, 슬픔, 기쁨, 놀람, 공포와 같은 감정도 느끼기 시작한다. 4개월이 되면 다른 사람의 목소리 톤을 듣고 슬픈지, 행복한지 구별하기 시작하고, 6~7개월이 되면 사람들의 표정에서 감정을 읽어낸다. 그러면서 타인의 감정을 인식하고, 자신의 감정을 상대방에게 맞춰 조율하기 시작한다. 예를 들어 엄마가 웃으며 아기에게 말을 걸면 아기도 웃으며 엄마를 바라보고, 엄마가 소리를 지르거나 불안해하면 아이도 불안해하면서 엄마를 본다. 9개월이면 아기는 부모를 포함한 다른 사람들이 자신의 감정을 알아준다는 것을 이해하기 시작한다. 그래서 기쁘거나 속상할 때 엄마를 보며 표정을 짓고 몸짓으로 감정을 전달하려 한다. 24개월이 되면 엄마가 슬퍼 보일 때 마찬가지로 슬프거나 걱정스러운 표정으로 바라보며 안아주는 등 다른 사람의 감정을 신경 쓰고 편안하게 해주려는 노력을 나타낸다. 이렇게 자신과 다른 사람의 감정을 이해하는 능력을 통해 그에 맞춰 내 감정과 행동을 조율하며 관계를 유지, 발전시켜가게 된다.

아이들은 자기 마음에서 일어나는 일을 더 잘 이해하면 할수록, 자기 마음에서 일어나는 일과 다른 사람의 마음에서 일어나는 것이 다르고 자신이 원하는 것과 다른 사람이 원하는 것, 자신이 좋아하는 것과 다른 사람이 좋아하는 것이 다르다는 것도 이해하게 된다. 또 각기 다른 관점에서 사람들 사이의 관계를 이해할 수 있게 된다. 셸먼 등에 따르면 3~6세 아이들은 자신의 관점과 다른 사람의 관점이 다르다는 것을 이해 못해 자기가 좋아하는 것을 남들도 좋아할 것이라고 생각한다. 8~10세 아이들은 같은 상황에 대한 자신과 다른 사람의 입장이 다르다는 것을 이해하기 시작해, 자신이 좋아하는 것을 하면 다른 사람들은 싫어할 수 있으며, 자신이 좋아하는 것을 하면 다른 사람들은 원하는 것을 할 수 없게 될지도 모른다는 것을 이해한다. 10~12세가 되면 자기 입장과 다른 사람의 입장에 대해서 동시에 종합적으로 고려하기 시작한다.

이렇게 다른 사람의 마음을 읽고, 다른 사람의 마음 상태에 따라 행동을 예측하며 설명하는 능력을 마음 이론Theory of mind이라고 한다. 사람마다 각자의 정신세계를 가지고 있다는 것을 이해하며 다른 사람이 어떻게 생각하고 있는지를 아는 능력이 마음 이론의 기초다. 청소년기가 되면 다른 사람은 내가 어떻게 생각할 것이라고 생각하는지를 이해하고, 다른 사람의 행동 아래 숨어 있는 믿음과 동기를 이해하게 되며, 대화에서 상대방의 반응을 살피고 의도를 파악한다. 엉망진창으로 어질러놓은 방을 보고 엄마가 "잘했다, 잘했어" 할 때의 반어법, 농담, 역설을 이해하는 것이나, "발이 넓다" "손이 크다"와 같은 속담과 관용어 속의 숨은 뜻을 이해하는 것도 마음 이론이 자라면서 가능해진다. 또 이런 마음 이론이 어느 정도 자라야 거짓말을 하거나 남을 속이는 것이 가능해지고, 사람들 사이의 협력과 갈등에 대해서도 이야기할 수 있다.

2009년에 방영됐던 TV 드라마 「선덕여왕」에서 미실(고현정 분)과 덕만 공주(이요원 분)가 백성에게 일식 여부를 정확하게 발표해야 하는 이야기가 있었다. 일식 일어나는 날짜를 덕만만 알고 있는 상황에서, 미실을 속여 일식 여부를 잘못 발표하게 만들어 백성의 마음이 미실로부터 돌아서게 하는 것이 덕만의 바람이다. 덕만은 비담과 유신에게 "일식이 일어나지 않을 것이다. 그런데 미실에게 일식이 일어난다고 속여야 한다"고 말한다. 다른 사람의 마음속에서 일어나는 일을 읽는 데 뛰어난 미실은 계략을 통해 비담과 유신의 마음을 읽고 "일식은 일어나지 않을 것이다"라고 공표한다. 그러나 실제로 일식이 일어나서 덕만은 민심을 얻는데, 미실이 속지 않을 것임을 미리 계산하고, 미실을 속이기 위해 자기편인 비담과 유신을 속인 것이다. 이렇게 다른 사람의 마음에서 일어나는 일과 다른 사람의 생각이나 행동을 예측하는 능력은 마음 이론에서 나오며, 이런 마음 이론의 싹은 영유아기에 형성된다.

봄이의 자폐스펙트럼장애, 어떻게 좋아졌을까

자신과 다른 사람의 감정을 이해하는 능력, 자신과 다른 사람의 입장이 다르다는 것에 대한 이해, 다른 사람과 관심사나 감정을 공유하는 능력 등은 아이마다 다르게 자란다. 그림을 잘 그리는 아이와 못 그리는 아이, 운동을 잘하는 아이와 못하는 아이, 수학을 잘하는 아이와 못하는 아이가 있듯이 날 때부터 사회성이 뛰어난 아이와 그렇지 못한 아이가 있다. 이런 사회성의 차이는 아기 때부터 관찰된다. 보통 아기들은 백일 무렵에 엄마와 눈을 맞추고 웃기 시작하지만, 태어난 지 몇 시간 만에 눈을 맞추고 웃는 아기도 있고, 4개월이 되어서야 눈을 맞추는 아기도 있다. 그런데 일반적인 발달의 속도 차이를 넘어 느린 발달로 문제가 되는 아이들이 있다. 이렇게 사회성 문제를 주된 증상으로 하는 것이 자폐스펙트럼장애다. 자폐스펙트럼장애는 사회적 상호작용 및 의사소통 문제와 함께, 특정한 물건이나 주제에 대해서 지나친 관심을 갖거나, 특정 행동을 반복하는 것이 특징이다.

봄이는 30개월에 나를 처음 만났다. 부모는 자기 아이가 그냥 조금 느린 줄로만 알았는데 22개월에 처음 문화센터에 가면서 또래에게 아무런 관심이 없는 데다 촉각에 민감해 손발에 뭔가가 닿는 것을 두려워해 활동하지 않으려 하자 걱정되기 시작했다. 24개월 무렵까지도 이름을 부르면 열 번 중 한두 번만 돌아볼 뿐 혼자서 자동차나 비행기 장난감을 일렬로 나열하면서 놀았다. 필요한 게 있으면 가끔 가리키기도 했지만, 자신이 좋아하는 것을 부모에게 보여주려는 의도를 가지고 가리킨 적은 없었다. 좋아하는 책과 장난감을 보여준다거나 자신의 기분이나 감정을 부모에게 표현한 적도 없었다. 어린이집에서도 혼자 놀고 또래에게 관심을 보이지 않았는데, 만약 또래가 다가오면 다른 곳을 바라보며 회피했다. 두 돌 무렵에 엄마가 까꿍을 해주면 가끔 웃었다. 하지만 아이가 먼저 이불이나 커튼 속에 숨었다가 나오면서 까꿍을 한 적은 없었고, 함께 하는 놀이를 그리 좋아하는 것 같지도 않았다. 처음 '엄마'라는 말을 한 것은 25개월 때이고 '맘마' '까까' '물' 정도만 말할 뿐 아직 두 단어를 붙여서 하는 것은 잘 하지 못한다. 반면 TV 프로그램 「슈퍼윙스」에 빠져서 상황과 상관없이 "출동! 슈퍼윙스"와 같이 좋아하는 만화에 나오는 대사를 반복했다. 또 숫자와 영어 알파벳 읽는 것을 좋아했

영유아기에 자신과 타인의 마음을 읽도록 돕는 방법

다. 선풍기 앞에 앉아서 빙글빙글 돌아가는 것을 보길 좋아하고 자동차를 뒤집어놓고 바퀴를 굴리면서 노는 것도 즐겼다. 봄이는 인지 발달에 비해서 사회성 발달이 크게 뒤떨어지며, 제한된 관심사와 상동적인 행동을 보여 자폐스펙트럼장애가 의심되는 아이였다.

자폐스펙트럼장애는 기본적으로 다른 사람의 마음에서 일어나는 일을 이해하고, 다른 사람과 관계를 맺거나 조정해가는 능력을 담당하는 뇌 발달의 문제로 인해 생겨난다. 사회성과 관련된 뇌 부위들은 아직 완전히 밝혀지진 않았지만, 사회성의 기초가 되는 다양한 능력은 뇌 발달과 관련 있다고 받아들여지고 있다. 관심사를 공유하는 능력은 기초가 되는 합동주시만 해도, 다른 사람의 시선을 따라 주의를 변경하는 능력은 위관자고랑, 위관자이랑, 모서리위이랑과 연관되며, 합동주시를 시작하는 능력은 배내측전전두엽과 관련되는 등 뇌의 기능과 밀접한 연관을 갖는 것으로 여겨진다. 다른 사람의 시선이나 얼굴 표정을 이해하는 부위, 다른 사람의 감정을 이해하는 것과 관련된 뇌 부위, 그 사람이 누구인지 알아차리는 것과 관련된 뇌 부위 등 사회성과 관련된 다양한 뇌 부위가 자폐스펙트럼장애의 발병과 관련 있는 것으로 알려져 있다.

이렇게 자폐스펙트럼장애가 우려되는 유아라면, 적어도 만 3세 이전, 가능한 한 만 18~24개월부터 장애를 찾아내 조기 집중 프로그램을 시행하는 것이 좋다. 미국에서는 주 25~40시간의 치료 프로그램을 권장한다. 응용행동분석ABA, Applied Behavioral Analysis, 상호작용증진 놀이치료Floortime, 언어, 인지, 작업, 감각통합치료를 포함한 집중적인 특수교육 및 치료 프로그램을 가능한 한 많이 하는 것이 필요하다. 아이들의 뇌는 아직 가소성이 있어서 주어진 교육적 자극에 따라 발달이 잘 이루어지는 시기에 또래의 뇌 발달을 되도록 따라잡는 것이 중요하기 때문이다. 만 5~6세 무렵의 표현 언어와 전체적인 인지 기능 수준이 아이의 평생 예후를 결정한다고 알려져 있다. 이 시기 이후의 아이들은 유치원과 학교에서 부모 이외의 친구나 어른들을 만나면서 점차 자기의 세계를 만들어가고, 이때까지 배워온 언어와 인지 기능을 기반으로 하여 빠른 속도로 새로운 지식과 기술을 습득하며 독립된 어른으로 성장해나간다. 하지만 적절한 시기에 치료받지 못한 아이들은 발달이 정체되어 인지 및 사회성 발달 정도의 차이가 점점 더 벌어진다.

봄이 엄마는 30개월에 검사하고 진단을 받은 뒤 치료를 집중적으로 계속했다. 4개월에 한 번씩 병원에 와서 지금 하고 있는 치료가 적절한지, 봄이의 발달 속도가 괜찮은지도 확인했다. 봄이는 초등학교 입학 전에 언어와 사회적 상호작용이 많이 좋아지고, 지능검사 결과도 IQ 98로 또래 아이들과 비슷한 수준이 되어서, 이제 더 이상 자폐스펙트럼장애가 아닌 것으로 진단되었다. 봄이는 현재 일반 초등학교에 잘 적응해서 다니고 있다. 아이가 초등학교에 잘 적응하는 것을 보고 봄이 엄마는 발달이 느린 아이 엄마들이 모여 있는 맘카페에 자신이 겪은 일에 대해 올리셨다. 발달이 느린 아이들을 진료하는 의사들이 느린 아이를 키우는 부모에게 드리고 싶은 말을 대신 해주셨기 때문에 아래에 직접 옮겨본다.

저는 아이가 말을 못해 이상하게 여기고 두 돌 영유아 검진에서 심화 권고가 떴을 때 가장 유명하다는 병원을 알아보고 예약한 뒤 진료 및 검사를 받았습니다. 그런데 의외로 검사를 회피하는 부모님이 많은 것 같아서 개인적으로는 안타깝습니다. 서울아산병원 소아정신건강의학과 김효원 교수님 초진을 가서 자폐스펙트럼 소견을 듣고, 치료를 집중적으로 해야 하며 시기를 넘기면 안 된다는 말씀을 듣고 너무 충격을 받았지만, 그 덕분에 치료를 시작해 주위의 많은 의견에 흔들리지 않고 나아갈 수 있었습니다. 즉, 치료에 임하는 마음가짐이 달라졌던 것 같습니다.

치료는 길게 봐야 한다고 생각합니다. 저는 아이의 치료를 시작할 때부터 당연히 길게 봤습니다. 감기 치료도 아니고 언어치료를 몇 달 받는다고 갑자기 말을 조금이라도 하리라는 기대는 하지 않았습니다. 또 우리 아이도 처음 감각통합치료를 시작할 때, 저랑 떨어지지 않으려고 해서 제가 같이 들어갔다가 문 열어놓고 앞에 있는 등 서서히 분리를 했습니다. 그러자 센터가 떠나갈 듯 울고 치료 내내 고래고래 울어댔지요. 그래도 전 이런 적응 과정이 당연히 있을 것이고 선생님께서 다 알아서 해주시리라 믿었습니다. 그런데 의외로 언어치료 석 달, 여섯 달을 했는데 변화가 없다고 걱정하는 분들이 있는 것 같습니다. 비싼 돈과 시간을 들여서 치료 중이고, 시간은 흘러가며, 조바심도 나고 잘하고 있는 게 맞나 끝없이 걱정되는 마음이 드시겠지요. 하지만 이런 치료는 길게 보면서 치료사 선생님을 믿고 임하는 게 좋을 것 같습니다.

저는 아이의 적응과 스트레스보다는 필요한 시기에 적절한 치료 자극을 주는 것에 우선순위를 두었습니다. 교수님께서 만 4~5세까지가 가장 중요한 시기라고, 치료에는 때가 있는 것이라고 하셨습니다. 그래서 아이가 잘 적응할지, 스트레스를 받지는 않을지와 같은 걱정은 별로 하지 않았습니다. 시간이 금인데 변화할 수 있는 이 시기에 치료를 최대한 많이 받도록 하는 게 목표여서 그렇게 했고, 아이도 충분히 소화해냈습니다. 주변 엄마들이 아이가 스트레스 받는다, 너무 많이 한다고 좋은 게 아니라고 말들을 했지만, 전 한 귀로 듣고 한 귀로 흘렸습니다. 주변의 말보다 전문가의 말이 더 신뢰됐으니까요.

부모가 쌓아주는 작은 상호작용들

영유아기의 부모들, 특히 첫째를 키우는 부모들은 아이의 발달을 돕기 위해 자신이 무엇을 하면 좋을지 궁금해한다. 가장 중요한 것은 아이와 눈을 맞추는 것으로, 실제로 이 시기에 부모와 눈 맞추고 즐거운 놀이를 함께 하는 것은 아이들의 사회성 발달에 큰 도움이 된다. 태어난 지 며칠 안 된 아기들도 엄마를 쳐다보고 눈을 맞추기 시작한다. 눈맞춤은 상호작용의 시작으로, 아주 어릴 때부터 얼굴을 쳐다보고 눈을 맞추고 웃어주고 말 걸면서 엄마가 아기와 함께하고 싶다는 뜻을 전달하는 것이 중요하다. 만약 아기가 자발적으로 눈 맞추기를 어려워한다면 아기 시선이 머무는 곳에 엄마가 들어가면 된다. 자세를 낮추고 아기 시선이 머무는 곳에 있으면서 아기 눈을 바라보며 웃어주면 된다.

아기가 앉기 시작하면 함께 즐거운 놀이 시간을 갖는 것이 도움이 된다. 가능하면 아이가 예측할 수 있도록 매일 20분 이상 규칙적으로 특별한 놀이 시간을 갖는 것이 좋다. 형제 혹은 다른 아기는 제외하고 아기와 둘이서 아기 눈높이에서(바닥에서) 긴장하지 않은 채 편안하게 함께 놀이를 한다. 이때 양육자와 아기 사이에는 상호작용이 일어날 수 있는 충분한 공간을 둔다. 가구나 물건, 장난감이 너무 많거나 TV, 라디오, 휴대전화 등이 켜져 있으면 주의가 흐트러져서 상호작용을 방해하기 때문에 주변을 정돈하고 몰두할 수 있는 환경을 만드는 것이 좋다. 또한 아이가 의사소통할 시간과 여지를 주는 것이 중요하다. 아이에게 장난감 사용 방법을 알려주거나, 다음에 할 행동을 지시하는 것보다는 아이가 관심을 기울이는 것이 무엇인지 살펴본다. 아이가 쳐다보거나 가리키거나 소리를 내거나 말하는 것이 현재의 관심사다. 아이가 장난감을 선택하고, 원하는 방식으로 놀이를 하고, 흥미를 느끼는 과정을 살펴본다. 아이가 관심을 갖는 것을 같이 바라보고 관심을 기울여주며, 아이의 반응을 기다리고, 아이의 관심이 바뀌는 것을 존중해주는 것이 중요하다. 그러면서 아이가 관심을 갖는 것의 이름을 말해주거나, 아기가 말하고 싶어하는 것을 짐작해 대신 해주거나, 아기의 행동과 기분을 직접 말로 묘사해주면 상호작용을 늘리는 데 도움이 된다.

자폐스펙트럼장애와 같이 사회성 발달의 문제로 혼자 노는 아이라면, 부모가 중간중간에 아이가 하는 놀이를 따라하면서 상호작용을 유도할 수도 있다. 혼자서 블록을 쌓으며 놀고 있는 아이라면 아이가 블록을 하나 올려놓을 때마다 엄마도 재빨리 블록을 하나 올려놓고, 아이가 하나를 쌓으면 엄마가 또 하나 올려놓는 방식으로 아이에게 "순서를 주고받는 것"을 가르칠 수 있다. 아이의 언어 수준에 따라 블록을 올려놓으면서, "노랑" "노란 블록이네" "엄마는 노란 블록, 봄이는 파란 블록"과 같이 순서를 주고받을 수 있는 언어 표현을 해주면 더 좋다.

사회성의 기초가 되는 능력 가운데 하나인 다른 사람의 감정을 인식하고 이해하는 능력은 자기 마음속에서 일어나는 감정을 알아차리는 능력과 함께 자란다. 아주 어릴 때부터 아기가 느낄 것 같은 감정에 이름을 붙여서 말해주면 이런 능력을 키우는 데 도움이 된다. "졸리운데 엄마가 빨리 안아주지 않아서 속상했구나. 그래서 우리 아기가 우는구나"라고 말해주면, 아기는 자기 마음속에서 일어

영유아기에 자신과 타인의 마음을 읽도록 돕는 방법

나는 감정이 '슬픔' '속상함'이라는 이름을 갖고 있다는 것을 알게 된다. 이렇게 감정을 읽어주는 것은 아이가 자라는 동안 계속 필요하다. "봄이가 공룡메카드를 여러 개 갖고 싶었는데 엄마가 하나밖에 안 사줘서 화났구나" "봄이는 민기랑 더 놀고 싶었는데, 민기가 일찍 가서 속상하구나" 하고 아이의 마음을 읽어주면, 아이가 자기도 정확하게 인식 못했던 자기 마음을 알아차리고, 누군가 자기 마음을 이해해주었다는 것 때문에 화나고 속상한 감정이 줄어든다. 그래서 아이의 감정을 읽어주는 것은 아이에게 감정을 알아차리고, 이해하며, 조절하는 능력을 가르치는 중요한 과정이다. 아이와 같이 동화책을 읽고 애니메이션을 보는 나이가 되면, "공주는 알라딘이 자신을 속인 것을 알게 되어서 배신감이 들었겠다" "지니는 알라딘이 자기를 위해 소원 하나를 사용해서 너무 고마웠겠다"와 같이 등장인물의 감정을 얘기해주고, 유치원이나 학교에서 일어난 일을 얘기할 때는 내 아이의 감정과 함께 친구들이 느꼈을 만한 감정을 말로 표현해주는 것도 다른 사람의 감정을 이해하는 능력을 기르는데 도움이 된다. 사실 사회성과 관련된 능력은 태어나서 며칠 안 된 아기일 때부터 부모나 주변 사람들과 주고받는 작은 상호작용들이 쌓이면서 자라나는 것이다.

예민하고 불안이 높은 아이를 대하는 법

영유아기의 사회성 발달에 영향을 주는 요인으로 자신과 다른 사람의 마음에서 일어나는 일을 이해하는 능력만 있는 것은 아니다. 인지 발달이나 사회적 능력의 발달은 문제없지만, 타고난 기질이나 정서적인 부분 때문에 아이가 갖고 있는 능력을 적절히 발휘하지 못하기도 한다.

여름이는 유치원에 다니는 만 5세의 여자아이이다. 아기 때부터 예민해서 특별한 이유 없이 잘 울고 한번 울면 잘 달래지지 않아 오랫동안 안고 있어야 했다. 이유식을 할 때부터 음식 냄새가 조금만 낯설어도 먹지 않았다. 잠도 쉽게 들지 않아서 안거나 업고 한두 시간은 달래야 했으며 겨우 재워서 눕혀놓으면 작은 소리에도 금방 깨서 다시 달래야 했다. 울지 않을 때는 눈을 맞추고 옹알이도 하며 까꿍놀이도 하는 등 함께 잘 놀았다. 발달은 매우 빠른 편이어서 18개월에 문장으로 말을 하고, 4세 무렵에는 가르치지 않았는데도 책에 나오는 글자를 읽기 시작했다. 4세에 처음 유치원에 가면서 아침마다 가기 싫다고 우는 일이 두 달 동안 지속됐다. 막상 유치원에 가면 다같이 하는 활동도 잘하고 원활하게 생활한다고 했다.

5세에 유치원을 옮기면서 초반에 화장실에 자주 가는 것이 한 달 정도 지속되었다. 유치원과 집에서 모두 화장실에 4~5분 간격으로 갔고, 심하면 1분에 한 번씩 한 시간에 열 번 이상 가기도 했다. 유치원에서 소방 훈련을 할 때나 선생님이 다른 친구를 혼낼 때는 화장실에 더 자주 갔다. 5세에 유치원을 옮기고 6개월쯤 지난 다음 여름이 엄마가 유치원 관찰실에서 일방향 거울을 통해 여름이의 유치원 생활을 볼 기회가 있었다. 다같이 하는 활동할 때는 맨 앞에 앉아서 조용히 선생님 말씀을 듣거나 애들이 하는 것을 따라했지만, 자유놀이 시간에 다른 아이들이 서로 어울리면서 놀 때 여름이는 책상에 혼자 앉아서 조용히 책을 읽었고 다른 아이들과 한마디도 하지 않았다. 유치원에서는 화장실에 자주 가는 것 외에 특별한 문제를 일으키지 않아 잘 지내는 줄 알았는데, 여름이가 다른 친구들과 어울리지 못한 채 혼자 지내는 모습을 보고 엄마는 큰 충격을 받았다.

여름이는 사실 발달이 빠른 데다 책도 많이 읽고 유치원에서 하는 활동도 잘 따라하는 아이였다. 사회성의 기초가 되는 능력들에 문제가 있는 것은 아니라는 뜻이다. 그렇지만 까다롭고 예민한 기질을 타고났으며, 사회적 상황에서의 불안이 매우 높기 때문에 아이들에게 쉽게 다가가지 못하는 것이었다. 여름이처럼 사회적 관계를 맺는 능력에는 아무런 문제가 없지만, 기질이나 정서적인 이유로 친구를 잘 사귀지 못하는 아이들도 종종 있다.

'기질'은 개인이 타고난 정서, 동기, 행동, 에너지 등의 성향을 의미한다. 어른들의 인격에 대해 이야기할 때 우리는 타고난 성향인 기질과 살면서 경험한 일들에 의해 형성되는 성격을 나눠서 생각하기도 한다. 기질은 생애 초기부터 나타나며, 시간과 상황에 걸쳐 비교적 안정적인 개념으로, 생물학적인 것에 기반을 두고 있다고 여겨진다. 활동량과 에너지 수준, 수면이나 식습관 같은 생물학적인 리듬, 새로운 상황에 대한 두려움의 정도, 변화에 대한 적응력, 평소의 기분, 감각을 느끼거나 견디는 능력, 끈기, 자신의 감정이나 생각을 표현하는 정도, 감정을 조절하는 능력 등이 기질에 의해 결정되는 요소들이다.

여름이는 예민하며 불안이 높고, 새로운 것을 시도하거나 새로운 사람을 만나기 전에 크게 긴장하는 기질을 타고났기 때문에, 먼저 다른 친구들에게 놀자고 다가가기보다는 혼자서 조용히 책을 보는 게 편안한 것이다. 여름이는 새로운 친구들에게 다가가 먼저 말을 걸고 같이 무언가를 하자고 말하는 게 어려울 뿐이지, 친구들과 어울리고 싶은 마음이 없는 것은 아니다. 여름이처럼 불안이 높고 새로운 친구들에게 다가갈 때 겁을 내는 아이들한테 중요한 것은 양육자나 교사가 아이의 불안한 마음을 읽어주는 것이다. 아이의 걱정스러운 마음을 읽고, 새로운 상황에서 불안한 마음이 들거나 친구들이 안 놀아주면 어떻게 하나 걱정되는 것은 당연하다고 얘기해준다.

변화에 적응해서 무언가를 시도하려면 스스로 마음을 먹어야 하는데, 예민하고 까다로운 기질의 아이는 마음먹는 데 시간이 오래 걸린다. 그래서 유치원에 처음 갈 때나, 새로운 유치원으로 옮기는 것 등 변화가 예상되는 상황에서는 미리 얘기해줘서 마음의 준비를 할 시간을 주는 게 좋다. 교사가 친구들과 같이 활동할 수 있도록 격려하고 "살짝 밀어주며" 칭찬해준다면 또래관계를 시작하는 데 큰 도움이 될 것이다. 반면 다른 친구들 앞에서 발표하라고 강요하거나 심한 압박을 주면 오히려 더 위축돼서 말수가 없어질 수도 있으니 한두 번 격려한 다음에는 기다려주는 것이 필요하다.

친구를 사귀는 데 필요한 건 자존감

가을이는 내년에 초등학교에 입학할 예정인 만 5세 남자아이다. 남자 쌍둥이 중 둘째로, 발달이 전반적으로 느려서 36개월경에 엄마라는 말을 처음 했고, 48개월이 되어서야 두 단어를 붙여서 말하기 시작했다. 15개월쯤에 처음 걸었고, 그 뒤로도 또래에 비해 조금씩 뒤처지긴 했지만 자라면서 점점 또래와 비슷해졌다. 말을 시작하기 전부터 새로운 장소와 사람에 대해 낯을 많이 가려서 낯선 곳에 가면 엄마 옆에 딱 붙은 채 잘 돌아다니지 않으려고 했다. 만 3세 무렵 어린이집에 다니기 시작하면서 집이 아닌 곳에서 말을 잘 하지 않는다는 것을 엄마가 느꼈고, 어린이집 선생님 역시 아이가 말을 전혀 하지 않는다고 연락해왔다. 어린이집에 있을 때 자연스러운 놀이 상황에서는 말하는 모습이 아주 가끔 관찰됐지만, 수업 시간에 말해야 하거나 다른 사람들이 쳐다보는 느낌이 들면 몸이 뻣

뻣해지고 긴장하면서 말을 하지 않았다. 엄마가 아이에게 왜 말을 안 하는지 물었더니 "목소리가 안 나와서" "머리가 아파서"라고 대답했다. 한번은 엄마에게 "밖에서 내가 이야기하면 엄마 기분이 좋아?"라고 물어본 적이 있어 그렇다고 답하자, 말을 해보려고 노력하겠다는 얘기도 했다.

가을이와 쌍둥이 형이 태어났을 때, 아빠는 다니던 회사 일이 바빠서 양육에 큰 도움을 주지 못했으며 엄마 혼자 쌍둥이와 그보다 한 살 많은 누나까지 도맡아 양육을 했다. 아이들이 울 때 아빠한테 안 아달라고 부탁하면 "나한테 오면 애들이 더 울어"라며 안아주지 않았다. 엄마는 그 당시 많이 우울했던 것 같고, 아이들을 먹이고 씻기고 재우는 것만으로도 힘에 부쳐 애들이 예쁜 줄도 모른 채 키웠다고 했다.

친구를 사귀기 위해 중요한 것 가운데 하나는 건강한 자존감이다. 건강한 자존감은 다른 사람과 상호작용할 때 자신과 어울리는 친구를 찾는 데 도움을 주고, 친구에게 당당하게 자기표현을 할 수 있게 해준다. 그리고 이런 자존감은 생애 초기부터 부모와의 관계 속에서 형성된다. 아기는 자신에 대한 엄마의 반응을 통해 자신이 어떤 존재인지 알아간다. 엄마가 아기의 모습을 비추는 거울인 셈이다. 엄마가 아기를 사랑스럽게 바라보고, 아기의 흥미에 관심을 기울이며, 격려와 칭찬을 아끼지 않으면 아기는 그런 엄마의 모습을 보고 자기가 '꽤 괜찮은 사람' '사랑받을 자격이 있는 사람'이라는 느낌을 형성해간다. 이것이 바로 자존감의 기초가 된다. 그리고 이렇게 사랑을 받아본 아이는 다른 사람들이 기본적으로 자신에 대해서 우호적으로 대할 것이라는 자신감을 갖기 때문에 사회적 관계를 맺기가 더 쉽다.

가을이는 발달이 좀 느린 데다 엄마까지 우울한 상황에 놓여 부모가 아이에게 "잘하고 있다" "너는 괜찮은 아기다"라는 느낌을 줄 기회가 없었던 것으로 보인다. 이렇게 엄마가 아이를 잘 봐주지 않는다든가, 찡그린다든가 무표정하게 반응하면 아이도 찡그리고 부정적인 자아상을 형성하게 된다. 이렇게 자신에 대해서 부정적인 이미지를 갖고 있는 아이는 새로운 사람을 만나거나, 새로운 환경에 처음 들어갈 때 쭈뼛거리게 된다. 사람들이 나를 좋게 생각한다거나, 내 편이 되어준다는 것에 대한 믿음이 없고 자신이 없기 때문이다. 가을이 역시 눈치를 보고 다른 사람의 반응을 신경 쓰면서 사람들 앞에서 점점 말을 안 하게 된 것으로 보인다.

이렇게 기질적으로 예민하고 불안이 높거나, 자존감이 낮아서 새로운 관계를 시작하는 것을 두려워하는 아이들에게는 관계 맺는 것을 준비할 기회를 주는 것이 좋다. 가령 동네 놀이터나 유치원에서 만난 친구와 일대일 놀이 시간을 가지면 도움이 된다. 놀이터에서 아이와 잘 어울리는 친구를 만나도 좋고, 유치원 선생님께 아이와 관심사나 흥미가 비슷한 친구를 추천받아도 좋다. 관계를 시작하는 것이 어려운 아이들에게는 한꺼번에 여러 명의 친구를 만나는 것보다는 한 명의 친구를 여러 번 만나면서 익숙해지는 것이 쉽다. 또 익숙한 어른들이 지켜보는 가운데 일대일 놀이 시간을 가지면 어른들이 아이들끼리 친해지도록 돕고 갈등이 생길 때 옆에서 해소하도록 도울 수 있다. 이런 과정을 통해 친구 사귀는 법을 배우고, 관계를 맺는 것에 대한 자신감을 기를 수도 있다. 일대일 놀이 시간을 가질 때는 형제자매가 끼어들지 않도록 하고, 서로 어울릴 기회를 뺏지 않도록 장난감들은 좀 정리하는 것이 좋다. 부모는 아이들이 놀이할 때 지켜보고 문제가 생기면 돕지만 놀이에 끼어들지는 않도록 한다. 부모도 상대방 아이 부모와 서로 인사를 주고받고 친분을 맺는 게 좋다. 이런 일대일 관계를 쌓다보면 더 큰 집단에서 관계를 형성하는 것도 쉬워진다. 일대일 놀이 시간을 함께 보내는 친구가 유치원의 같은 반이라면 그 친구를 통해 유치원에서의 적응이 더 쉬워질 수도 있다.

부모 마음에서 일어나는 것들

발달이나 기질에 특별한 문제가 없지만 엄마의 불안을 아이가 그대로 이어받거나 부모의 불안 때문에 사회적 관계를 맺는 것을 두려워하게 되는 아이도 있다.

겨울이를 처음 만난 것은 생후 6개월 때였다. 건강하던 아이가 몸에 반점이 생겨 검사를 받았더니 신경섬유종증이 있다는 것을 알게 되었다. 처음 만났을 때 겨울이는 희고 통통하며 귀여운 아이였다. 엄마 품에 안겨서 우유를 먹고 있다가 나를 보고 방긋방긋 웃어 보여서 6개월인데도 눈맞춤이 좋고 사회적 상황이나 분위기를 살피며, 상호작용을 시작하는 능력이 좋다고 생각했다. 그런데 엄마는 아이가 신경섬유종증으로 진단받은 것이 너무 속상하기도 하고, 앞으로 건강한 아이로 자랄 수 있을지 걱정된다며 계속 울었다.

만 3세가 되어 발달 검사를 처음 시행할 때도 겨울이는 웃는 표정으로 검사실에 들어왔다. 그러곤 인형을 보며 "콩콩이"라 부르면서 관심을 보였고 "이름이 뭐예요?"라며 먼저 다가와 질문을 하기도 했다. 자신의 생각이나 느낌, 바라는 것을 정확하게 문장으로 표현했고 묻는 말에도 대답을 잘했다. "풍선 주세요"라고 원하는 것을 얘기하면서 눈을 맞추며 관심을 끌려고 했고, 찰흙으로 인형 모양을 만들어서 검사자에게 보여주며 웃기도 했다. 대근육, 소근육, 언어, 인지, 사회적 상호작용 등 모든 영역에서의 발달이 정상이었다. 하지만 검사를 하면서 아이는 점점 주눅이 들었고, 잘 안 되면 쉽게 포기하거나 아예 하지 않으려고 했다. 어린이집에 처음 갈 때 한 달 동안은 아무하고도 말을 안 했다가 시간이 지나면서 조금씩 말을 했다. 이후에도 어린이집에서 늘 부끄러움을 탔고 친구들 주변을 맴돌다가 이야기를 한번 할 때면 눈치를 많이 본다고 했다. 만 5세경에는 엄마와 떨어지기 힘들어해 화장실 갈 때도 엄마가 밖에 있는지 꼭 확인하곤 했다. "…할까봐 못하겠어"와 같은 사소한 걱정이 너무 많아서 실제로 할 수 있는 것들을 못하기도 했다. 놀이터에서도 아이들하고 놀다가, 엄마가 있으면 나쁜 말을 갑자기 하고 적대적으로 굴어서 나중에 학교생활이나 사회생활을 잘할 수 있을까 걱정될 수밖에 없었다.

만 6세가 되어 취학 전 심리검사를 할 때 겨울이는 검사실 문을 열고 들어와 선생님께 반갑게 인사했다. 이때 부모는 겨울이를 혼자 두는 것을 불안해하며 한참 동안 검사실에서 나가지 못했다. 겨울이도 검사하는 내내 쭈뼛거리는 표정이었고, 조금만 어려우면 모른다거나 못하겠다면서 쉽게 포기했다. 그림 검사를 포함한 정서검사에서는 익숙지 않은 요구나 낯선 환경에서 쉽게 불안정해지며 스스로를 도움받아야 하는 취약한 존재로 여기는 것으로 나타났다. 지능검사 결과가 정상인데도 겨울이 엄마는 "우리 아이가 정상 발달 하는 거 맞나요? 부모가 노력하면 아이가 100퍼센트 좋아질 수 있는 건가요? 앞으로 우리 아이에게 아무 문제 없을 거라는 확답을 듣고 싶은데 아무도 그렇게 말을 안 해주셔서 화가 나요"라고 말했다. 아빠는 아이가 아프니까 불안하기도 하고, 아이가 못할 것이라는 선입견 때문에 만 6세까지 식사도 다 떠먹여주고, 목욕이나 옷 입는 것뿐만 아니라 대소변 본 후 뒤처리까지 다 해주고 잠도 다같이 잔다고 했다. 새로운 무언가를 배운다거나 새로운 사람을 만나는 것, 운동하는 것 등을 아이가 싫다거나 그에 대해 걱

영유아기에 자신과 타인의 마음을 읽도록 돕는 방법

정하는 반응을 보이면 곧바로 포기하고 다시 도전하거나 시도하는 일은 하지 않았다고 했다.

아이가 아프다는 것은 부모에게 받아들이기 어려운 일이다. 특히 신경섬유종증처럼 인생 전반에 걸쳐 영향을 미칠 수 있는 질병이라면 부모가 불안해하고 걱정하는 것은 당연하다. 그런데 겨울이 부모님은 그런 단계를 넘어서서 아이를 과보호하고 지나치게 허용하는 태도를 보였다. 아이가 새로운 것을 시도하려 하면 실패를 경험하기도 전에 부모가 대신 해주고, 초등학교에 들어갈 나이인데도 대변 뒤처리를 매번 해주었다. 부모의 과보호로 인해 겨울이는 자율성이나 독립성을 발달시킬 기회가 적었을 뿐 아니라 다양한 사회적 상황을 경험하지 못한 듯했다. 그러면서 혼자 낯선 환경이나 익숙지 않은 환경에 노출되어 적응해야 할 때 긴장감, 불안감이 크게 상승하고 부모에 대한 의존성이 지나치게 높아 부모와의 분리에 어려움을 겪었을 수 있다. 더불어 상상력이 발달하면서 만약의 상황에 대한 질문과 답을 반복하며 점점 더 부정적인 결과를 예상하게 되고 잠재적인 위험 요인에 예민하게 반응하며 온갖 불안과 걱정에 휩싸였다. 이렇게 새로운 사회적 상황에 노출되는 것을 불안해하면서, 사회적 관계 속에서 자연스럽게 사회성이 자라날 기회도 잃게 된다.

아이가 새로운 사회적 상황을 경험하고 확대가족이나 이웃의 아이들, 어린이집이나 유치원 선생님과 친구들을 처음 만날 때 정상적으로 경험할 수 있는 불안감이나 긴장감을 부모가 다독거리며 앞으로 나아가도록 격려해주는 것이 중요하다. 이를 위해서는 아이의 불안을 견딜 수 있는 부모의 정서적 안정감이 요구된다. 그리고 무엇보다 부모 자신의 불안을 견딜 수 있는 단단한 마음이 있어야 한다. 만약 부모가 자신의 불안을 견디는 것이 어려워 불안한 마음을 아이에게 물려주게 돼 아이가 사회적 관계를 확장하는 데 어려움을 갖는다면, 부모가 주변 사람들 혹은 전문가로부터 도움을 받는 것이 필요할 수도 있다.

영유아기는 아이가 자신과 다른 사람의 마음을 이해하고 관계를 맺는 데 필요한 능력뿐만 아니라, 자신의 불안을 견디고 사회적 관계로 나아가는 마음의 힘, 자기 자신을 사랑하고 그런 자존감을 바탕으로 관계를 맺는 힘이 자라는 시기다. 사회적 관계를 맺는 힘과 자존감, 불안을 견디는 힘이 자라는 과정에서 부모의 역할이 중요한 시기이기도 하다. 아이는 영유아기에 사회성과 인격의 기초를 튼튼히 닦은 것을 바탕으로 다음 시기에 새로운 사회성의 발달과 인격 발달의 과제들을 마주하게 된다.

5장

나와 우리를 알아가는 아이들의 확장력

학령기 아이들의 사회성 돕기

김현진

아이가 자신을 변화시켜가는 학교라는 공간

'학령기'란 사전적 의미로 초등학교에서 의무 교육을 받아야 할 시기를 말한다. 학교는 인생에서 매우 특별하고 중요한 공간이다. 기본적으로 나라마다 형태는 다르지만 여러 학생이 모여 교사의 지도에 따라 지식을 얻는 곳일 뿐 아니라, 사회의 구성원으로서 책임, 기술, 사회성, 가치관을 갖추고 독립된 성인으로 발전해나가는 곳이기도 하다.

생애주기에서 볼 때 초등학교는 특별한 의미를 지닌다. 가정이나 유아기의 어린이집, 유치원을 다닐 때와 초등학교를 비교해보자면 가장 큰 차이는 '환경의 변화에 맞게 자신을 바꿔나갈 수 있는가'다.

다른 말로 하면 '적응'이다. 예를 들어 유치원 교육과정은 일률적인 교육 수준을 정해서 지도하지 않고 아이들의 생활 영역에 맞춰 교육 내용을 지도하도록 구성되어 있다. 이에 반해 초등학교는 아이들이 필수로 이수해야 하는 수업의 양이 정해져 있다. 또한 수업 시간과 휴식 시간이 명확이 구분되어 있고, 수업 시간에는 한자리에 앉아서 집중해야 한다. 아이들의 필요에 맞게 환경을 바꾸어주기보다 아이들 스스로가 학교에서 요구되는 상황에 맞게 자신의 리듬을 바꾸고 환경에 적응하는 것이 더 중요해진다. 아이들은 이전과는 다른 규칙에 자기 리듬을 조율해야 하고, 때로는 선생님의 시선이 미치지 않는 영역에서 또래들과 어울려나가야 한다. 학교가 정해놓은 여러 규율에 자신을 적응시키는 동시에 사회적 발달까지 두 마리 토끼를 다 잡아야 하는 어려운 과제를 떠맡는 셈이다.

아이들은 학교 생활을 하면서 매년 새로운 친구들과 만나게 된다. 20여 명의 제 나이 또래의 아이들과 같은 반이라는 공간에서 공동체의 일원으로 지내게 되는데, 아이들에게 이것은 처음 느끼는 감각이다. 1년이라는 시간 동안 공통점은 하나도 없는 아이들이 모여서 함께 어울리도록 만들어주는 것이 바로 '소속감'이다. 학교는 이러한 소속감이 극대화된 공간으로, 아이들은 함께 활동하면서 집단적인 감정을 체험하게 된다. 이러한 경험은 아이들이 자신이 어떤 사람인지 설명할 때 '나' 외에도 '우리 속에서의 나'라는 감각이 있다는 것을 깨닫게 하는 매우 중요한 순간이다.

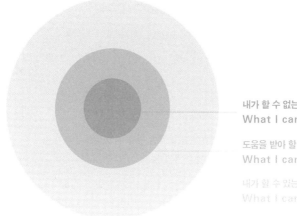

내가 할 수 없는 일(잠재적 발달 영역)
What I can't do

도움을 받아 할 수 있는 일(근접발달 영역)
What I can do with help

내가 할 수 있는 일(실제적 발달 영역)
What I can do

근접발달 영역
Zone of Proximal Development

　이러한 특별한 환경에서 아이들은 선생님이라는 존재와 마주한다. 러시아의 심리학자인 레프 비고츠키에 따르면, 아이들은 자신을 둘러싼 환경 속에서 활동적이고 생명력 있는 역할을 할 경향을 타고난다. 여기서 특히 강조되는 것은 능력의 발달 수준이 일정한 목표에 이르도록 돕는 주변 교육자의 역할이다. 이론에 따르면, 아동은 기본적으로 홀로 노력해서 도달할 수 있는 문제 해결 능력(실제적 발달 영역)을 가지고 있다. 하지만 미숙함으로 인해 아직 혼자서는 할 수 없는 영역(잠재적 발달 영역)도 존재한다. 따라서 문제 해결 능력을 키우기 위해 교육자의 추가적인 도움을 통해 이를 넘어설

나와 우리를 알아가는 아이들의 확장력

능력을 갖출 수 있다. 이런 점들은 학습적인 측면에 국한되지 않는다. 사회성, 자기 조절 능력 등 이전 영유아 시기에는 갖추지 못했던 고등 정신 과정 전반의 기능이 선생님의 지원과 도움하에 더 높은 수준으로 올라갈 수 있는 것이다.

아이들이 초등학교 선생님과 좋은 관계를 맺을 수 있도록 돕는 방법

선생님의 성향을 파악하고 선생님의 좋은 점에 대해서 아이들과 이야기를 나눠보자.
어떤 선생님을 만나도 그 선생님을 신뢰할 수 있도록 돕는 것이 중요하다.

아이들이 학교에서의 일을 이야기할 때 선생님 입장에서
어떻게 보였을지에 대해 생각하도록 도와주자.
상대방 입장에서 생각해보는 것이 좋은 관계를 맺는 기본이다.

선생님과의 관계를 힘들어하는 아이라면 직접 부모님이 선생님께 도움을 요청하거나
상담을 반드시 요청하자. 관계는 상호적으로 이루어지는 것이며
아이의 노력만으로는 어려울 수 있다.

자아존중감과 자기통제력이 사회성에 미치는 영향

친구와 어떻게 해야 잘 지낼 수 있을지 걱정해보지 않은 사람이

과연 있을까? 새 학기 교실의 어색한 공기, 자기소개할 때의 두근거림은 친구를 만나는 것이 만만치 않은 일임을 말해준다. 학령기가 되면 가정 바깥으로 관계가 확장되면서 사회성의 새로운 가지들이 여기저기 뻗어나가기 시작하는데, 그중에서 또래는 특별한 의미를 지닌다. 친구 관계의 가장 중요한 기능은 아이들의 사회화에 있다. 아이들은 친구를 통해 사회에서 무엇이 받아들여지고 거부되는지를 배우면서 사회의 가치관을 흡수한다. 친구와의 관계에서 규칙을 준수하는 것도 배우고 협동심과 타협도 알게 된다. 여러 연구에 따르면 학령기에 또래관계에서 겪는 어려움은 향후의 사회적 관계뿐만 아니라 학업 부진, 학교 부적응, 심지어 성인기 정신 질환까지도 예측할 수 있는 요인이 된다고 한다. 신뢰를 바탕으로 하는 상호보완적인 안정된 또래관계를 갖는 것은 환경적인 스트레스에 대한 저항력을 키워주며 아이 자신의 유능감, 자존감에도 중요한 작용을 한다.

또래관계에 영향을 주는 아이의 특성으로는 무엇이 있을까? 수많은 요인 중에서 가장 중요한 특성을 골라보자면 자신을 어떻게 생각하고 느끼는지를 뜻하는 자아 개념 및 자아존중감, 그리고 '일시정지' 신호를 만들어낼 수 있는 자기통제력이 있다. 아이가 처음 다른 친구들 사이에서 자기 소개하는 장면을 상상해보자. "나는 어디에서 살고 있고, 이런 것을 좋아하고 저런 것은 싫어해. 너희랑 잘 지냈으면 좋겠어." 아이는 자기소개를 할 때 자신을 규정하는 것들이 무엇인지 생각하면서 그중에서도 친구들이 잘 기억하고 좋게 여길 만한 것들을 골라 기억되고 싶은 내용들을 내놓는다. 이렇듯 자신의 것들을 어떻게 지각하고 느끼는지를 우리는 '자아 개념'이라고 말한다. 자아 개념은 학령기로 접어들면서 큰 변화를 맞는데, 신체적 특성과 활동 능력, 소유물 등 구체적인 것들로 자신을 규정하다가 점차 자신의 심리적 특성이나 관계 등 추상적인 개념으로 나아간다. "나는 키가 크지만 운동은 못해"에서 "나는 키가 크지만 조용하고 내성적이야"라고 성향과 성격 등에 관련된 개념을 더 중요시하기 시작한다. 발달심리학자 에릭 에릭슨에 의하면 학령기란 "성숙한 성인의 역할에 필요한 기술을 발달시키며 인지적 기술과 사회적 관계를 습득하는 시기"라고 한다. 기술을 습득하는 데 성공하고 성취를 얻는 것을 통하여 근면함을 발달시키기 때문에, 아이들은 학교에서의 성공에 대한 긍정적인 평가를 받을 필요가 있다. 만일 반복된 실패와 그에 따른 주변의 안 좋은 평가가 계속된다면 자신에 대한 부정적 자아 개념을 형성해 위축되고 열등감을 느낄 것이다. 이는 단순히 학교에서 공부를 잘하고 칭찬을 많이 받는 것 이상의 의미로, 자신의 다양한 심리, 인지, 성격, 신체 등에 대해 긍정적으로 반영받아야 한다는 것이다. 결국 자아 개념이란 주변에서 비춰주는 자신의 모습에 영향을 받아 자아 존중감으로 이어지는 것이다.

　두 번째 요인은 자기통제력이다. 목표 성취에 방해되는 유혹을 뿌리치고 바람직한 행동을 실행하는 능력을 자기통제력이라고 한다. 이에 대한 가장 유명한 실험이 바로 마시멜로 실험이다. 4세 아이 앞에 마시멜로를 올려놓고 나중에 먹으면 두 개를 줄 테니 참으라고 지시 내렸을 때 앞에 놓인 마시멜로를 먹지 않고 기다렸던 아이들의 인생은 어떻게 될지 확인해봤다. 연구 결과는 놀라웠다. 마시멜로를 먹지 않고 참아낸 아이들은 장래에 높은 학업 성적과 연봉 등 인생에서 성공했다고 평가할 만한 성취를 얻을 가능성이 매우 높았던 것이다. 물론 이런 연구는 환경 요인들을 충분히 통제하지 않았고, 인간의 행동에 대한 다양한 요인을 지나치게 단순화했다는 비판이 제기된다. 당연한 이야기지만 개인의 삶이 참을성만 가지고 결정되지 않으며 성적과 연봉으로 인생의 성공을 판단할 수도 없다. 이러한 한계점에도 불구하고 이러한 연구들은 자기통제력에 관련된 다양한 시사점을 알려준다. 자기통제력은 타고나는 면이 크다. 기본적으로 유혹을 거절하고 목표 달성을 위해 행동을 꾸준히 이어나가는 사람과 그렇지 못한 사람은 일찍부터 어느 정도 구분되는 경향이 있다. 따라서 아동의 타고난 성향과 특성을 잘 파악하고 어떤 부분들을 도와줘야 하는지 잘 살펴볼 필요가 있다. 자기통제력은 학교라는 환경에서 매우 중요하게 여겨지는 능력이다. 학교의 규칙을 인식하고 지켜나가면서 사회적 규범을 내재화할 때 자기통제력을 통해 자기 것으로 만들고 내면의 충동성과 욕구를 억제해나갈 수 있기 때문이다. 자기통제력은 사회성의 관점에서도 매우 중요하다. 상대방과 나의 이익을 어떻게 분배하고 공유할 것인가, 공동의 이익을 위하여 자기 이익을 양보할 수 있을 것인가, 나중의 더 큰 이익을 위해 현재의 불이익을 얼마나 감수할 수 있을 것인가를 결정하는 데 영향을 주기 때문이다. 이렇듯 사회적 의사소통과 관계 맺기는 자기통제력과 불가분의 관계를 맺게 된다.

부모의 태도에 따라 달라지는 아이의 자기통제력

새 학기가 되면 부모의 손에 이끌려 병원 진료실에 오는 아이들이 종종 있는데, 대기실에서부터 시끄럽고 소란한 행동을 보인다. 우당탕탕 소리를 내면서 뛰어 들어온 아이는 진료실에서도 끊임없이 움직이고, 의자 뒤로 앞으로 왔다 갔다 하며 진료실의 물건을 계속 만지면서 부모를 당황스럽게 한다. 어려서부터 까다롭고 예민한 기질 때문에 부모를 기진맥진하게 만들어 초등학교에 들어가서 잘 지낼 수 있을지 걱정됐는데 혹시나가 역시나! 수업 시간에 가만있지 못하고 질문을 쉴 새 없이 해 선생님으로부터 아이의 수업 태도가 좋지 못하다고 지적당한 부모는 속이 상한다. 친구들도 그 에너지에 잠시 이끌려 가까이 모였다가도 주변을 툭툭 치고 참견하는 행동을 하자 멀어졌고 이내 혼자가 돼버린다. 결국 부모는 고민 끝에 진료실에 찾아오게 되는 것이다.

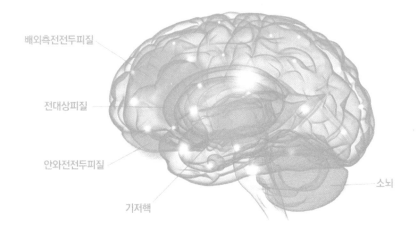

배외측전전두피질

전대상피질

안와전전두피질

기저핵

소뇌

주의력결핍과잉행동장애와 관련된 뇌의 주요 구조물

이런 아이들의 행동 원인을 찾아보면 그 중심에는 자기통제의 실패가 있다. 자신의 충동성과 욕구를 기다리고 참아내기 위한 능력을 적절히 갖추지 못한 아이는 끊임없이 움직이며 주의집중을 할 수 없고 충동적인 모습을 보이게 된다. 이러한 전형적인 증상에 대해 정신의학에서는 주의력결핍과잉행동장애라고 진단한다. 주의력결핍과잉행동장애의 가장 큰 원인은 뇌의 기능 이상으로 밝혀져 있다. 뇌의 인지 기능을 조절하는 회로의 기능이 떨어지는 것이다. 그중에서도 전전두피질을 중심으로 하는 뇌 기능은 주의집중, 정보처리, 충동 억제, 작업기억 등 고위 정신 기능들을 처리하는 매우 핵심적인 기능을 담당한다. 주의력결핍과잉행동장애를 가진 아이들

나와 우리를 알아가는 아이들의 확장력

은 이러한 뇌 네트워크의 기능이 저하되는 소견을 보인다.

주의력결핍과잉행동장애를 가진 아이들의 사회적 기능은 어떨까? 워낙 에너지가 넘치고 활발하다고 느끼다보니 친구 관계도 좋을 것 같지만 자세히 들여다보면 오히려 친한 친구들을 만들지 못한다. 적절한 자기통제력을 가진 아이들은 전체 상황을 볼 줄 알고 자기 눈앞의 이익이나 감정보다 상대방의 감정에 더 호응할 줄 안다. 그러나 주의력결핍과잉행동장애를 가진 아이들은 전체를 살피지 못한 채 부분적인 상황에 대해 충동적인 반응을 보며 친구들 사이에서도 가까이하기 어려운 아이로 여겨지게 된다. 또 그룹의 분위기를 읽지 못하는 눈치 없는 아이, 규칙을 생각하지 않고 함부로 행동하는 아이로 선생님의 오해를 사기도 한다. 결국 이런 아이들은 사회성 발달에 어려움을 지닌 채로 학교 생활을 하게 된다. 주변의 좋은 친구를 두는 경험이나 협동심, 양보, 단체 안에서의 처신 등 학령기의 사회성에 대한 다양한 경험과 성공을 통한 긍정적인 피드백을 받을 기회들을 놓치는 셈이다.

어른들은 이런 문제를 가진 아이들이 자신의 문제점을 잘 모르고 있다고 생각하지만, 사실 아이들 스스로도 학교에서 생활하는 것이 힘들다고 느낀다. 진료실에서 아이들은 학교 안에서 고립되어가는 것을 걱정하고 힘들어하는 기색이 역력하다. 하지만 안타깝게도 '원래 이 나이 때 아이들은 모두 그렇다' '나이가 들면 나아질 것이다'라는 기약 없는 희망에 기대어 아이를 바라만 보는 부모님을 많이

주의력결핍과잉행동장애의 진단 기준

부주의함

다음 중 6개 이상의 증상이 적어도 6개월 이상 지속되어야 하며, 이러한 증상이 발달 수준에 맞지 않고 사회적, 학업적, 직업적 활동에 직접적으로 부정적인 영향을 미쳐야 함.

과잉행동/충동성

다음 중 6개 이상의 증상이 적어도 6개월 이상 지속되어야 하며, 이러한 증상이 발달 수준에 맞지 않고 사회적, 학업적, 직업적 활동에 직접적으로 부정적인 영향을 미쳐야 함.

부주의함	과잉행동/충동성
1. 학업이나 일, 혹은 다른 활동을 할 때 세밀하게 주의집중을 하지 못하거나 부주의하여 실수를 자주 함	1. 가만히 앉아 있지 못하고 손발을 움직이는 등의 행동을 자주 보임
2. 과제 또는 놀이를 할 때 지속적인 주의집중에 자주 어려움이 있음	2. 수업 시간 또는 가만히 앉아 있어야 하는 상황에서 자주 일어나 돌아다님
3. 다른 사람이 앞에서 말할 때 자주 잘 귀기울여 듣지 않는 것처럼 보임	3. 상황에 맞지 않게 과도하게 뛰어다니거나 기어오르는 일이 자주 있음
4. 지시에 따라서 학업이나 집안일 또는 자신이 해야 할 일을 자주 끝내지 못함	4. 조용히 하는 놀이나 오락활동에 참여하는 데 자주 어려움이 있음
5. 과제나 활동을 체계적으로 하는 데 자주 어려움이 있음	5. 쉬지 않고 움직이거나, 모터가 달려서 움직이는 것처럼 행동하는 일이 잦음
6. 공부나 과제와 같이 정신적 노력이 지속적으로 필요한 활동을 자주 피하거나 싫어하거나 하지 않으려고 저항함	6. 말을 너무 많이 하는 일이 잦음
7. 과제나 활동을 하는 데 필요한 것들을 자주 잃어버림	7. 질문이 끝나기도 전에 대답을 불쑥 해버리는 일이 잦음
8. 외부 자극에 의해 자주 쉽게 산만해짐	8. 차례를 기다리지 못하는 일이 잦음
9. 일상적인 일을 자주 잊어버림	9. 자주 다른 사람을 방해하거나 참견함

접하게 된다. 아이를 도와줄 방법을 적극적으로 모색하고 주변에도 도움을 청한다면 문제 해결 방법을 충분히 찾을 수 있는데도 불구하고, 부모님의 주저하는 마음으로 인해 아이의 자존감은 낮아져만 간다. 주의력결핍과잉행동장애는 치료를 잘 받고 충분한 기능 개선을 이룰 수 있는 문제로 학령기 부모들이 반드시 알고 있어야 하는 중요한 질환이다.

사회성과 관련된 아이들의 특성이 형성될 때 가정 내의 요인도 많은 영향을 미친다. 부모의 양육 태도에 따라 아이들이 또래관계에 어떻게 대처하는지에 대한 많은 연구가 이루어졌다. 강압적이고 독재적인 부모 아래서 성장한 아이들은 공격적이거나 우울, 불안 등의 부정적인 정서 반응을 쉽게 보임으로써 상대방에게 미숙한 아이로 인식되기 쉬웠다. 반면 과도하게 허용적인 부모 아래서 성장한 아이들은 충동적이고 공격적이며 자기 중심적인 성향을 많이 보여 자기통제력이 부족한 경향이 나타났다. 이처럼 부모의 양육 방식이 아이들의 사회성에 매우 중요한 영향을 미친다는 것은 분명한 사실이다. 자존감 형성에도 부모의 역할은 결정적이다. 아이가 지니고 있는 가치와 의미에 대해 부모가 인정하고 수용하는 태도를 보이면 아이들은 부모를 거울삼아 자존감을 높여나갈 것이다. 또한 가정에서 배울 수 있는 예절, 질서, 절제, 청결 등의 기본 생활습관은 자기통제력을 내재화하는 데 큰 도움을 준다.

한 가지 중요하게 짚고 넘어갈 점은, 자기 통제력의 가장 중요한 점은 부정적인 감정에 대해 그저 참고 견디게 하는 것이 아니라, 이를 해소하기 위한 방법을 찾기 위해 적극적으로 노력하게 한다는 데 그 의의가 있다. 무조건 참거나 견디는 것은 언젠가 무너질 수밖에 없다. 사람의 마음속에서 일어나는 부정적인 정서는 자연스러운 것이기 때문에 '부정적인 감정을 느끼는 것이 잘못은 아니다. 다만 이를 적절한 방식으로 표현할 수 있다'는 사실을 아이들에게 전달하기 위해 노력해야 한다. 가정에서 자기통제력을 향상시키기 위해 아이가 자신의 감정을 올바르게 알 수 있도록 마음을 읽어주고, 적절한 단어로 감정을 표현하도록 도와준다면 아이의 자기통제력을 유지하는 데 큰 도움이 될 것이다.

나를 먼저 열고 친구의 감춰진 면 들여다보기

친구들이 모인 자리에 가보면 빛나는 친구가 한두 명은 있기 마련이다. 외모나 능력이 출중하고 뛰어나지 않더라도 여러 친구 사이를 잘 중재하고 상대방에게 적절한 말을 골라서 쓸 줄 아는 친구 말이다. 사회성의 중요한 기능 중 하나가 '어떤 이야기를, 어떻게 상대방에게 전달할 것인가'라는 문제라고 한다면 결국 의사소통 능력이야말로 사회성에 있어서 결정적 요소라고 할 수 있다. 그렇다면 의사소통에서 중요한 요인으로 어떤 것이 있을까? 개인의 특성에

조하리의 창

따라 의사소통의 방식은 모두 다를 수밖에 없다. 이러한 것들을 설명하기 위한 개념으로 조하리의 창Johari's window이다. 이 이론에서는 열린 영역, 보이지 않은 영역, 숨겨진 영역, 미지의 영역의 네 가지로 개인의 정보를 구분하여 설명한다. 초기 의사소통 시기에는 상대방에 대한 정보가 없기 때문에 조금씩 열린 영역의 범위를 확인하고 넓히며 관계의 기초를 만들어간다. 그 과정에서 내가 상대에게 얼마나 정직하고 투명한 정보를 공개하는지에 따라 상대방도 이에 호응하여 열린 영역이 늘어난다. 방어적이거나 거리를 두는 모

아이들이 사회를 만날 때

습으로는 가까운 친구를 만들 수 없다. 숨겨진 영역은 남들이 모르는 나의 부분이기 때문에 숨겨진 영역에 대한 상대방의 섣부른 개입은 자신에 대한 공격으로 받아들여지고, 강렬한 적대심을 불러일으킬 수도 있다. 우리가 말하는 눈치 없는 친구들이 환영받지 못하는 이유다. 보이지 않는 영역은 나조차 미처 몰랐던 부분, 자신에 대한 상대방의 감정이나 태도에 대한 발견으로 이러한 점을 상대방과 함께 인식하면서 서로 깊은 이해와 공감을 느끼게 된다. 미지의 영역은 무의식의 영역으로 심리적 문제가 숨겨져 있곤 해 대체로 전문가의 도움을 필요로 한다. 대인관계의 이런 복잡한 면들을 무의식적으로 체득한 아이들은 일대일 관계를 넘어 그룹 내에서의 협력과, 그룹과 그룹 간 조율까지 능숙하게 해내는 모습을 보인다. 여기서 명심할 부분은 의사소통에서 자신의 솔직하고 정직한 태도를 보여주도록 노력하면서 상대방의 장점인 보이지 않는 영역을 잘 살피고 관심을 가지며 이에 다가가려는 태도다. 개방과 투명성, 정직성에 대한 강조와 상대방에 대한 공감과 이해, 눈높이에 잘 맞춘 배려 및 경청이 무엇보다 의사소통의 기본이라고 할 수 있다.

모두에게 인기 있지 않아도

학교에도 매우 다양한 인간상과 유형이 있다. 하나의 넓은 사회에 다양한 기질과 성격을 지닌 아이들이 혼재되어 있다. 항상 인기 있고 주변에 친구가 많아 환영받는 아이에서부터 친구들의 관심 밖에 있거나 받아들여지지 않는 아이까지 매우 다양한 유형이 존재한다. 그렇다면 일반적으로 인기 있는 아이들은 어떤 부류일까?

우리가 흔히 부러워하는 유형인 '인기 있는 아이'는 사실 정확한 표현이 아니다. 모든 아이에게 단짝으로 여겨질 순 없는 노릇이다. 오히려 더 정확한 표현은 '싫어하는 아이가 없는 아이'일 것이다. 보통 이런 아이들은 적을 만들 만한 행동을 잘 하지 않는다. 충동적이거나 감정적인 결정을 잘 내리지 않고 이성적이며 합리적으로 행동하려고 노력한다. 또한 행동이 수동적이기보다는 주도적으로 의견을 개진하면서 아이들 사이에서 리더십을 발휘한다. 게다가 이런 과정에서 상대방에게 자기 의견을 강요하지 않고 조심스럽지만 자신감 있는 태도를 보이기 때문에 상대방의 호감을 얻을 수 있다.

반면 친구들 사이에서 고립된 아이들도 있다. 즉 그룹의 관심 밖에 놓인 이들로, 주변에서 친한 친구로 여기지도 않고 싫어하는 친구로 여기지도 않는다. 또 참여도가 낮고 수동적이며 대체로 말수가 적다. 내면에 대인관계에 대해 심한 불안감을 갖고 있는 모습도 보인다. 사람들 앞에 나서거나 타인의 관심이 주목되는 것에 대해 두려움이 많기 때문에 뒤로 물러서는 것을 택한다. 심하면 말을 전혀 하지 않으려 하거나 사회 관계에서 위축된 경향을 보여 낮은 자아존중감과 불안장애, 우울장애 등의 문제가 발견되곤 한다.

아이들이 사회를 만날 때

또한 친구들에게 거부되는, 즉 친구들이 싫어하는 아이들도 있다. 분위기를 깬다고 알려져 있고 공격적이거나 미성숙한 행동으로 주변을 당황스럽게 만들곤 한다. 감정을 잘 조절하지 못하고 심한 충동성을 드러내 돌발 행동을 보이며, 상대방에게 배려심 없이 함부로 행동한다는 인상을 준다. 앞서 언급한 주의력결핍과잉행동장애로 진단된 아이들 중 많은 수가 이런 부류에 속한다. 때로는 다른 사람들이 자신을 좋아하지 않는다는 불만 때문에 심하게 화를 내거나 언어적·신체적 공격성을 보이는데, 이런 아이들에게는 자기통제력을 어떻게 키울 것인가가 매우 중요하다.

부모들은 우리 아이가 모든 친구에게 인기 있길 바라겠지만 현실은 그렇게 녹록하지 않다. 이 글을 쓰는 나 역시 '왜 나는 인기가 없을까?'라며 크게 고민했던 적이 있다. 한번은 초등학교를 다닐 때 반에서 비밀선물 놀이를 했는데, 담임 선생님 생각에는 새 학기에 어색한 친구들을 서로 친하게 만들 좋은 기회로 여기셨던 것 같다. 하지만 사람들이 모인 사회가 항상 그렇듯이 인기라는 것은 부익부 빈익빈으로 치우치기 일쑤다. 비밀선물은 인기투표가 돼버려 인기 있고 잘나가는 아이들의 책상은 친구들이 준 선물로 가득 찬 반면, 내 책상은 텅 빈 그저 그런 책상이었다. 선물을 잔뜩 받은 아이들을 바라보면서 내색하지 않으려 했지만 내심 부러워했던 게 사실이다. 우리 주변을 가만 보면 인기가 많지도 않지만 그렇다고 고립되거나 문제를 일으키지도 않는 아이가 훨씬 더 많다. 우리가 '보통' 아이라고 부르는 아이들, 특별히 좋아하는 친구가 많지도 않고 인기도 별로 없지만 싫어하는 친구도 별로 없다. 하지만 이런 유형도 '보통' 아이로서 학교에서 생활하는 다양한 전략을 가지고 있기 때문에 자신만의 장점을 지닌 정신적으로 건강한 아이라고 할 수 있다. 누구에게나 인기 있다든가 모두와 잘 지낼 필요는 없다. 제일 중요한 것은 자기 자신에 대해 충분히 좋은 생각, 높은 자존감을 가지고 상대방에 대해 솔직하며 정직한 태도로 지낼 수 있는 아이, 상대방을 배려하기도 하고 자기 자신을 표현하기도 하는 그런 아이로 성장하는 것이 아닐까.

학교에서 만날 수 있는 상황들

「여왕의 교실」이라는 드라마가 한창 화제가 된 적이 있다. 드라마는 초등학교 교실을 어른 사회의 축소판처럼 그리고 있다. 빈부 격차, 사회적 계급의 구분, 이유 없는 괴롭힘 등 정도의 차이는 있겠지만 학교라는 환경은 어른들이 생각하는 것보다 훨씬 더 복잡하고 어려운 관계로 얽혀 있다. 아이들은 아직 경험이 부족해 이처럼 어렵고 복잡한 관계 앞에서 어떻게 해야 할지 모르며 당황하기 때문에 아이들을 조심스레 도와주어야 한다. 그런데 꽤 놀라운 사실은, 시대와 공간의 차이에도 불구하고 어른들이 학교에서 일어나고 있는 일을

다 알고 있다고 착각한다는 점이다. 또한 학교 행정이나 커리큘럼, 아이들 사이의 유행이나 환경 등 복잡한 요인들에 대한 고려를 전혀 하지 않아 문제가 더 심각해지는 일도 종종 있다. 따라서 학교에서 발생할 수 있는 다양한 상황과 이에 대한 대처 방법을 살펴보는 것은 아이의 건강한 사회성 발달에 큰 도움이 된다. 아이들이 겪을 수 있는 어려운 상황들은 무엇이 있고, 아이가 어떻게 대처하거나, 부모가 어떻게 조언하고 도와줄 수 있을지 살펴보도록 하자.

친구와 관계를 유지하는 것

진영이는 부모님의 직업 때문에 전학을 자주 다녀야 했다. 다행히 성격이 밝았던 진영이는 새로 전학 간 학교에도 쉽게 적응하고 아이들과 관계를 빠르게 다질 수 있었다. 오히려 진영이의 걱정은 다른 데 있었다. 다른 친구들은 단짝과 오래 사귀면서 계속 연락을 주고받는데 자기는 좀 익숙해질 만하면 전학을 가야 해서 오래 친구를 사귀지 못한다는 것이다. 사실 이렇게 된 데에는 진영이 자신의 영향도 있었다. 친구들과 지내다가 사소한 단점이나 실망스러운 부분이 발견되면 참지 못하고 흥미를 잃은 채 다른 친구에게로 옮겨갔던 것이다. 이렇게 몇 해를 지내다보니 진영이는 고민이 하나 생겼다. '나를 소중하게 여겨주는 친구가 있을까?'

친구에게 먼저 다가갈 수 있다는 것은 매우 중요한 장점이다. 이런 부분을 어려워하는 아이가 많기 때문에 스스로 관계를 시작할 수 있는 아이들에 대해서는 문제가 없다고 여기기 쉽다. 하지만 진영이의 행동을 더 자세히 들여다보면 중요한 문제가 있다. 갈등이나 상대방의 단점을 견디고 참아내는 능력이 부족하다는 것이다. 친구와 오랜 관계를 맺으려면 부모와 형제자매처럼 작은 오해에서 큰 갈등까지 함께 견디며 서로를 이해할 줄 알고, 좋은 부분 외에 부족한 면도 참고 인내할 줄 알아야 한다. 따라서 이러한 경우에 초점을 맞춰야 하는 부분은 아이가 어떻게 기다리고 견딜 수 있게 도와줄 것인가다. 여기서 살펴볼 것은 다양한 면에 대한 조망 능력이다. 학령전기에 아이들은 똑같은 물체라 하더라도 달리 보일 수도 있음을 이해한다. 여기에 더해 학령기에는 자신이 생각하는 것과 다른 생각 및 관점들이 있을 수 있다는 더 높은 차원의 인지적 탈중심화가 이루어진다. 그러면서 자신과 다른 사람의 생각의 차이를 이해하고 여러 의견을 종합할 수 있는 성인으로 성장한다. 상황의 다른 면들을 이해하고 상대방 입장에서 생각해볼 수 있는 역지사지의 마음을 갖도록 아이와 다양한 상황 및 입장에 대한 이야기를 나눠보도록 하자. 그리고 때로는 기다리는 것도 좋은 해결책이 될 수 있음을 알려주자.

친구들과 가까워지기 힘들 때

선우는 학교 친구들 사이에서 조용하다고 여겨지는 아이였다. 이런 면 때문에 스스로 소심하다고 느꼈지만 친구들은 선우가 사려깊고 남의 이야기를 잘 들어준다고 생각해 곧잘 친하게 지냈다. 하지만 선우는 새 학기를 너무나 힘들어했다. 새로운 곳에서 어색함을 견디는 것도 어려웠지만 처음 만난 친구가 자신을 어떻게 생각할지, 혹시 나쁘게 보면 어떻게 해야 할지 걱정돼 잠을 못 이루기도 했다. 그런 걱정에 휩싸이다보니 아침에 머리가 지끈거리거나 배가 아프기도 했다. 가끔 여러 아이 앞에서 발표할 일이 생기면 얼굴이 붉어진 채 말을 못하기도 했다. 어떻게 하면 이런 낯가림을 없앨 수 있을까?

사람마다 새로운 환경에 적응하는 능력은 다를 수밖에 없다. 어떤 사람은 변화를 쉽게 받아들이는 반면 거기에 익숙해지는 데 시간이 많이 걸리는 사람도 있다. 이런 아이를 바라보는 부모의 마음은 애가 타겠지만 아이를 다그치거나 다른 아이들과 비교하는 것은 예민하고 불안한 아이의 마음에 불을 지르는 격이 될 것이다. 일반적으로 낯가림은 애착 대상과 떨어지면서 새로운 사람을 대할 때 생기는 것으로 아주 자연스러운 현상이다. 오히려 이런 상황에 대한 긴장과 불안이 없다면 그게 더 이상하고 특이한 모습이다. 다만 사람에 따라 긴장과 불안을 더 잘 견디거나 혹은 못 견디는 차이가 있을 뿐이다. 이때는 섣부르게 그런 상황에 자주 노출시키거나 맞닥뜨리게 하기보다는 생각을 정리하거나 주위를 살펴볼 시간을 주는 게 좋다. 미리 마음의 준비를 한다면 좀더 상황에 대한 여유를 가질수도 있기 때문에 사전에 준비를 해두는 것도 좋다. 학교를 좀더 일찍 가거나, 휴일을 이용해 부모님과 같이 학교를 한 바퀴 돌아보는 것도 좋다. 방학을 이용해 남에게 말할 수 있는 자신의 특기나 취미를 계발해보는 것 역시 좋은 방법이다. 사실 이렇게 다른 사람의 반응에 예민한 면들은 오히려 장점이 될 수도 있다. 다른 사람의 미움을 사지 않는 방법을 미리 생각해보고 조심하는 모습이 오히려 다른 사람의 신뢰를 얻을 수 있기 때문이다.

친구들이 싸우고 있을 때

영서는 친한 친구가 두 명 있었다. 항상 어울려다녀 '삼총사'로 불리면서 학교 안팎에서 붙어 지냈다. 그런데 두 친구 사이에서 사소한 다툼이 벌어졌다. 그 다툼은 큰 갈등으로 번져 서로 얼굴도 보지 않는 지경에까지 이르렀다. 그 가운데에 낀 영서는 무척 곤란한 지경에 처했다. 자신이 의도하진 않았지만 두 친구 중 한 명을 선택해야 하는 상황에 놓인 것이다.

사람들 사이를 조율하는 것은 친구 관계에서 핵심적인 기술이다. 자신이 갈등의 당사자일 때도 그렇지만 아닐 때도 마찬가지다. 어떤 그룹 안에서든 개개인은 자기 역할을 가지고 있는데, 영서의 경우는 조정자 역할을 맡아야 한다. 일반적으로 당사자들이 갈등을 해결하는 게 가장 좋겠지만 중간에서 조정을 해야 한다면 우선 가장 중요한 점은 자신이 해야 하는 일의 성격과 할 일, 할 수 있는 일의 범위를 명확하게 정의하는 것이다. 이 일의 결론은 누가 내리는 것인가? 상황에 대한 내 의견이 필요할까? 다른 사람들이 나에게 요구하는 것은 무엇인가? 사회성은 친구와 잘 지낸다는 것뿐만 아니라 그룹 안에서 요구되는 기대에 잘 부응한다는 것을 뜻하기도 한다. 모든 아이와 잘 지낼 수 있으면 좋겠지만 한 명만 선택해야 할 때도 있다. 이런 선택에서 충분한 생각과 고민을 나눌 수 있고 든든히 뒤를 받쳐주는 것이 부모의 중요한 역할이다.

아이들의 사회적 기술 도와주기

학령기는 배울 학學자를 포함하고 있다. 아이들은 끊임없이 배우고 익히는 존재임을 이르는 말이다. 사회적 기술은 마치 타고난 것처럼 여겨지지만 많은 부분은 배울 수 있는 기술적인 면들을 포함하고 있다. 이러한 부분들을 가정에서부터 배우고 연습한다면, 부모의 모습을 모델링하거나 내면화하여 좋은 친구 관계를 맺는 데 도움을 받을 수 있을 것이다.

타인을 존중하기

존중은 다른 사람에게 친절하고 예의 바르게 대하는 것을 뜻한다. 타인에 대한 이러한 존중은 자신이 존중받는다는 것을 느끼는 데서 출발한다. 예를 들어 우리가 자녀들에게 심부름 시킬 때를 생각해보자. 우리는 다른 사람들에게 도움을 요청할 때 당연히 받아줄 거라고 기대하지 않기 때문에 최대한 상대의 상황과 상태를 존중해가면서 이야기한다. 명령조의 말투를 쓰기보다는 요청하는 말투로 '미안하지만' '감사드리며'를 덧붙이며 뜻을 전달한다. 가정에서부터 아이에 대한 존중을 보인다면 아이는 자신이 존중받는 것의 기쁨을 느끼고 다른 사람들과 관계에서도 우선 상대방의 입장을 이해하는 것의 중요성을 알게 된다. 또한 가정 안에서 자신의 의견이 중요하게 여겨지는 경험은 상대방에게 더 큰 공감을 할 수 있는 기초가 된다.

감정 표현하기

분노, 불안, 두려움, 우울함 등의 부정적인 정서는 앞서 언급했던 것처럼 자신을 부정적으로 느끼게 만든다. 하지만 이러한 정서는 인간에게 어느 정도 자연스러운 것이며 대부분 적절한 대처를 통해 극복할 수 있다. 이러한 부정적인 정서에 대한 가장 좋은 대처 방법은 자신의 감정을 솔직하지만 적절한 방식으로 표현하고 이해받는 것이다. 예를 들어 속상해 울고 있는 아이에게 그만 울라고 윽박지르는 것은 아이에게 부적절감을 느끼게 한다. 그런 상황에서 어떤 것 때문에 속상한지 묻고, 속상한 이유가 이해된다는 것을 알려주는 것은 이러한 감정이 잘 조절될 수 있다는 것을 알려주는 역할을 한다. 이야기하는 과정에서 억양, 목소리, 표정 등 감정 읽기에 필수적인 비언어적 단서에 초점을 맞춰 아이와 이야기를 나누는 것도 큰 도움이 될 것이다.

결과 받아들이기

학령기 아동들은 이전보다는 결과를 예측하는 능력이 향상되었지만 모든 상황을 고려하는 데는 아직 한계가 있을 수밖에 없다. 때로는 충동적인 행동이나 감정적인 판단으로 인해 실수와 잘못을 저지르기도 한다. 기본적으로 모든 행동에는 결과가 뒤따른다. 자신의 판단하에 어떤 행동을 했다면 그로 인한 결과를 인정하고 감수할 수 있어야 한다. 이를 알고 교육하는 가장 좋은 방법은 아이들이 자신이 했던 행동의 결과를 체험하게 하는 것이다. 물론 아이들이 겪기 어려운 일까지 감수해야 한다는 의미는 아니다. 하지만 과도한 보호와 지킴은 아이들이 자신의 행동이 어떤 결과를 불러일으키는지, 혹은 무엇을 책임져야 하는지를 알기 어렵게 만들기도 한다. 늦게 일어나면 학교에 지각할 수밖에 없고, 시험 전에 미리 준비하지 않으면 좋은 성적을 받을 수 없는 것이다. 아이들의 정서적인 부분은 공감하고 수용하되 자기 행동의 결과는 받아들이도록 어른들의 단호한 행동이 필요할 때가 있다는 것을 기억하자.

분노 다스리기

분노는 종종 파괴적인 결과를 가져온다. 최근에 일련의 사회적 사건에서 분노조절장애라는 근거 없는 용어가 자주 사용되고 많은 사람의 호응을 얻는 것을 보면 분노를 조절하는 능력에 대해 사람들의 관심이 큰 것을 알 수 있다. 초등학교 교실에 가면 간혹 친구와의 작은 다툼에도 불구하고 물건을 집어던지거나 폭발적으로 흥분하는 아이들을 만날 수 있다. 그런 일이 잦은 아이들에게 제일 중요한 것은 그런 상황 자체에 처하지 않기 위하여 자신의 감정을 빠르게 인식해서 분노가 나타나기 이전에 그 자리를 피하는 것이다. 그 뒤 머릿속에서 감정이 해소될 시간을 벌 수 있도록 하는 일종의 '일시정지' 신호를 만들어보자. 이러한 일시정지 신호는 심호흡하기, 1부터 10까지 숫자를 세보기, 물 마시기, 주먹을 쥐었다가 펴보기, 즐거웠던 기억 떠올리기 등 여러 방법을 써볼 수 있다. 분노가 조절되지 않는 원인은 여러 가지일 수 있다. 낮은 자존감, 자기통제 능력의 결여, 결과 예측의 실패, 정서적 불안정성, 기저하고 있는 정신 질환 등 그 원인이 다양하고 혼재되어 있을 수 있기 때문에 문제의 원인을 파악하기 어렵다면 더 큰 문제가 발생하기 전에 반드시 전문가와 상의해볼 것을 권한다.

학령기는 학교라는 새로운 환경에 접어들면서 영유아기에 튼튼하게 다져놓은 사회성을 꽃피우는 매우 중요한 시기다. 아이들은 자신의 감정과 능력을 신뢰하고 이를 바탕으로 타인과 만나면서 자신의 능력이 성장해나감을 느낀다. 긍정적인 자기 인식, 자존감과 자기통제 능력을 가지고 이전과는 비교할 수 없을 만큼 확장된 대인관계를 맺을 수 있다. 이 시기에 확장된 사회성이라는 중요한 기술과 능력을 잘 성취해나간다면 건강한 정신과 인격 발달에 있어서 커다란 자양분이 될 것이다.

나와 우리를 알아가는 아이들의 확장력

6장

뇌가 리모델링되는 청소년기

십대의 사회성 돕기

송숙형

청소년기는 급격한 성장과 변화의 시기다. adolescence라는 단어는 라틴어의 "성장해서 성숙에 이른다"를 뜻하는 'adolescere'에서 그 어원이 유래되었다고 한다. 이 시기에는 매우 복잡한 생물학적, 문화적, 사회적인 영향력이 상호작용하면서 한 개인의 모습과 정체성이 형성되며 성숙하고 성장해나간다. 사회성에도 급격한 발달이 일어나고, 가족들로부터 영향을 받기만 하는 것이 아니라 청소년들이 가족의 삶에 직접적이고 강한 영향을 끼치게 된다. 또한 또래 집단과 이루어지는 사회 안에서의 관계가 매우 중요해지고, 다른 사람들과의 상호작용이 매우 복잡해진다. 이 시기에는 사회적 상황에 대한 조망 능력이나 다른 사람의 관점에서의 상황 이해도 비약적인 발전을 하게 된다.

추상적 추론능력과 사회적 불안이 높아지다

청소년기 자녀를 둔 부모를 상담할 때면, 아이가 어디서 어떤 반응을 보일지 몰라 대하는 게 어렵다는 이야기를 많이 듣는다. 개인적으로도 청소년기 연령대의 환자가 초진으로 방문했을 때 가장 긴장하게 된다. 청소년들과의 첫 만남에서는 어떤 말과 행동이 나올지, 어떤 상황이 전개될지 예측 불가능일 때가 많기 때문이다. 그러나 관계가 형성된 후에는 가장 반가운 환자가 또한 십대다. 이들은 세련된 사회성이 형성된 후에는 표현되기 어려운 순수한 호감을 드러내줘 의사에게 기쁨을 안기기도 하고, 세상을 다 안다는 듯이 날카롭게 따지다가도 어린아이같이 사소한 것에 시무룩해지는 귀여운 모습을 보인다.

청소년기 아이들의 사회성 발달은 스펙트럼이 매우 넓다. 같은 나이대의 청소년이라도 아직 어린아이 같은 느낌을 주는 아이가 있는 반면, 20대 이상의 성인과 면담을 하는 듯한 느낌을 주는 아이도 있다. 청소년기에 발달하는 사회성의 특징에 대한 일반론적인 관점은 존재하지만, 실제로는 개개인이 서로 다른 발달 상태를 보인다. 그리고 분명한 것은 수년 동안 한 아이를 쭉 면담하다보면 발달의 속도만 다를 뿐 분명 아이들은 본인의 속도에 맞게 사회성이 발달해가는 것을 볼 수 있다.

또래들 사이에서의 사회적 관계가 청소년들에게는 정말 중요하다. 아이들은 무리에 소속되거나 배척되는 것에 매우 민감하며 다음 학년이 될 때 내가 속할 그룹이 있느냐가 최대 관심사이자 스트레스다. 학급 안에서 함께 어울릴 수 있는 그룹이 생겼을 때 그렇지 않았던 때에 비하여 아이들의 적응력과 감정 상태는 현저히 좋아진다. 이 시기에 또래와의 교류는 삶의 필수 요소와 같아서 같은 가치를 공유하고 같은 것을 좋아하며 같은 것을 싫어한다. 꼭 같은 학교가 아니더라도 인터넷 등을 통해 같은 관심사를 가진 아이들끼리 그룹을 형성하기도 하는데, 이때도 아이들은 이 그룹을 매우 소중히 여기며 그 안에서 공유되는 가치에 굉장히 큰 중요성을 둔다. 이렇듯 또래에 커다란 중요성을 두는 것은 공감능력의 발달과도 관련 있지만, 아직은 미성숙한 형태의 공감이라 상대를 있는 그대로 바라보기보다는 본인의 관점에 따라 보는 탓에 그룹 안에서 오해나 갈등이 생기기도 한다. 이 시기의 아이들은 또한 이러한 사회적 관계에서의 거부에 대해 급격한 정서적 반응을 보이기 때문에 위기 상황 때 적절한 개입과 도움이 반드시 필요하다. 병원에 내원해 우울한 감정이나 불안을 호소하는 아이들과 찬찬히 이야기를 나눠보면 친하게 지내던 친구와의 다툼과 단절, 그룹 내에서의 따돌림 경험, 친밀히 지내던 온라인 친구의 갑작스러운 연락 차단 등 또래와의 사회적 관계에서 거부당한 경험이 증상의 시작점이 되곤 한다.

청소년기 아이들은 사회적 불안도가 상당히 높다. 이사벨 M. 로소 등은 논문을 통해 청소년기에 추상적 추론능력이 발달하면서 사회적 불안도도 매우 높아진다고 보고했다. 추상적 추론능력이 생기면서 자기 자신도 관찰하고 다른 사람의 생각 및 감정도 추론하게 되는데 이런 것이 오히려 사회적 불안에 대한 취약성을 높인다. 청소년들의 뇌를 촬영하면서 다양한 종류의 불안에 노출시켜봤는데, 다른 불안 자극보다 유독 사회적 불안과 관련된 자극에서 뇌의 편도체(두려움과 관련된 뇌의 부위) 부위의 활동성이 크게 증가했다고 한다. 청소년기에는 기존에 없었던 발표 불안이나 수행 불안 등 사회적 불안과 관련된 불안장애의 증상들이 꽤 생기기도 하며, 증상이 가벼울 때는 괜찮지만 심해져서 일상에 영향을 미칠 때는 치료가 요구된다.

청소년기 사회성 발달의 특징으로 또한 과장된 자의식이 나타날 수 있다. 자의식이 뚜렷해지고 자신과 타인에 대해서 깊이 생각하는 능력이 나타나지만, 아직은 타인의 감정적인 신호를 혼동하는 시기라서 본인과 상관없는 타인의 반응을 본인과 연관하여 생각하곤 한다. 이것을 관계사고라고 하는데, 청소년기의 정상적인 과정이기도 하지만 정도가 심하면 다른 정신적인 병의 증상일 수도 있어서 주의를 요한다. 관계사고와 연관하여 자신에 대해 주관적이면서 엄격한 시선으로 본인과 관련된 특징 중 사소한 결점도 커다랗게 보는 것이 있으며, 이와 관련된 생각들로 심리적 고통감을 호소하는 청소년들은 상당수에 이른다.

우리가 가장 중요하게 봐야 할 점은 청소년기에도 사회성이 발달하고 이 발달이 촉진될 수 있다는 것이다. 흔히 태어나서 만 3세까지를 뇌 발달에서 가장 중요한 시기로 보는데, 청소년기에도 뇌가 리모델링되면서 발달이 이뤄진다. 뇌의 리모델링으로 인해 청소년기 아이들은 일상이 더 어수선해 보이거나 감정 기복이 심하고 변덕스러워 보이기도 한다. 영국의 블랙모어 등은 실험을 통해 청소년기에 타인의 감정을 인식하고 판단하는 뇌 영역에서 신경세포의 연결이 증가하는 것을 확인하였다. 청소년시기에 활발히 변화되는 뇌에 대해 알게 됨으로, 우리는 이 시기에 다양한 긍정적 경험, 교육, 치료 등을 통해 사회성 발달을 의미 있게 촉진시킬 수 있다는 점을 기대하게 된다.

흔들리지 않는 부모, 아이들이 가장 원하는 것

대학 1학년생인 진성이는 서글서글하게 잘 웃고 본인 이야기도 적절하게 하며 상대방에게 호의적인 반응을 보이는 성격이었다. 진성이의 두꺼운 진료 기록지에는 자폐스펙트럼장애라는 진단명과 사회적 관계에서 겪은 어려움이 빽빽이 기록되어 있었기에, 현재의 안정적인 모습과는 거리감이 꽤 있었다. 과거의 검사 결과와 의무 기록지에 서술되어 있는 자폐 스펙트럼 장애 증상들에 비해서 두드러지게 좋아진 진성이를 보면서, 나는 어떤 요인들이 이 아이에게 이러한 호전을 가져왔는지 궁금해졌다. 한 가지 요인은 긴 시간 동안 꾸준한 치료를 받은 것인 듯했다. 진성이는 진단을 받은 후 10년이 넘게 외래 치료와 약물치료를 꾸준히 했으며 매주 진행되는 두 가지 이상의 개인 치료를 유지해오고 있었다. 다른 하나는 진성이 어머니의 성향과 아이와 지속적인 상호작용 노력이 현재의 모습을 설명해주는 이유이지 않을까 싶었다. 진성이 어머니는 긍정적인 에너지가 느껴지는 분으로, 다른 사람과의 대화나 상호작용을 즐겼고, 아이와 이야기하거나 함께 시간 보내는 것을 재미있어하는 분이었다. 축구를 좋아하는 진성이의 제한된 관심사에 관심을 가져주고, 함께 경기 관람을 하거나 서포터즈 활동을 지원해주면서 아이의 작은 사회성의 발달에도 기뻐해주셨다. 진성이의 성장과정에서 마주한 다양한 갈등이나 어려운 사회적 상황 앞에서, 어머니는 희망을 놓지 않고 학교 및 치료 기관과 적극적으로 의사소통하며 대처해나가셨고 진성이가 그 사회 안에서 함께 공존할 수 있는 방법을 찾아나가셨다. 이런 점이 현재 진성이의 호전된 모습, 발달된 사회성을 만들어주었으리라 여겨졌다.

청소년기의 사회성 발달에서 부모와의 관계는 매우 중요하다. 가정에서의 안정된 관계를 경험하고 있는 청소년들은 심리적으로 어려움을 주는 사회적 상황을 만날 때보다 더 잘 대처해나갈 여력이 있다. 『어쿠스틱 라이프』라는 웹툰이 있다. 이 웹툰에는 작가가 중학생 시절 우연히 자신에 대해 뒷담화를 하며 지나갔던 친구들에 대한 기억을 그린 에피소드가 나온다. 이를 표현하면서 작가는 "상처받긴 했지만 또 그렇게 끔찍한 일도 아니었던 건, 완전한 사랑을 하나 확보하고 있다는 자신감" 때문이었으며, 도시락을 갖다주러 오신 엄마가 손을 흔드는 모습을 함께 그렸다. 자녀가 부모와의 관계에서 본인의 모습 그대로 사랑받고 있다고 느끼는 안정감, 그 자신감이 비록 사회적 관계에서 상처와 어려움이 있더라도 이를 소화할 수 있는 큰 기반이 된다.

많은 청소년기 아이를 상담하면서 느끼는 점은 청소년기의 아이들이 가장 바라는 부모님 상은 어쩌면 한 침대 광고에서 나왔던 문구인 "흔들리지 않는 편안함"을 지닌 분들이 아닐까 하는 것이다. 아이들을 면담해보면, 분명 부모가 상처받을 것을 예상하며 말과 행동으로 공격하면서도 막상 부모가 그로 인해 힘들어하거나 영향을 받으면 또 그 모습 때문에 괴로워한다. 본인들이 공격해도 부모님이 그 공격에 크게 상처받지 않고 흔들리지 않는 것처럼 보이면 오히려 청소년들은 일견 안정을 찾는 듯하다. 물론 부모도 사람이니 힘들지 않을 순 없겠지만 종교나 명상의 도움이든, 주위 사람이나 정신건강의학과 약의 도움이든 받아가면서 아이 앞에서 흔들리지 않는 내면을 보여줄 수 있다면, 이로 인해 청소년기 자녀와의 관계에 안정이 찾아올 가능성이 크다. 아이가 청소년기에 부모님과의 관계에서 심리적인 안정감을 얻는다면 사회성 발달에 큰 도움이 될 것이다.

청소년기 아이들과 의사소통하는 것은 어려운 일이다. 진료실에서 부모님들이 아이의 말 때문에 화났다고 하는 이야기를 듣다보면 진심으로 부모들께 공감될 때가 많다. 그러나 이때 부모를 자극하는 아이의 시도에 같이 휩쓸린다면 자녀와의 관계는 상당히 힘들어진다. 또한 부모와 관계가 얽혀버린 아이들은 외부에서 만나는 사람들을 진심으로 신뢰하기 어려워져 사회성 발달에도 좋지 않은 영향을 주게 된다. 청소년기 아이들은 대체로 고집스러운 주장을 잘한다. 어른들이 보기에 전혀 논리적이지도 않고, 허락해주고 싶지도 않은 주장을 하면서 왜 안 되는지를 집요하게 따지고 든다. 이럴 때 더 세게 나가서 아이를 누르려는 시도는 거의 성공하지 못한다. 아이에게 논리적으로 설득하려는 시도도 대체로 성공하지 못한다. 우선 이 시기 아이들은 말이 길어지면 거의 듣지 않는다. 청소년기 아이들의 부모님께 상담 때 가장 자주 부탁드리는 것 하나는 하고 싶은 이야기를 최대한 짧은 어구로 하라는 것이다. 말이 길고 장황해지면 아이들은 듣지 않기 때문이다. 대화가 너무 안 되거나 서로 갈등을 일으킬 것 같으면 차라리 좀 떨어져 있다가 감정이 가라앉은 후 다시 대화하는 것이 좋다. 이때 아이의 말투나 표정, 행동으로 혼을 내다보면 대화가 이뤄지지 않는다. 부모 기준의 한계를 조금 넓게 잡고 너그러이 봐 넘겨줄 수 있는 부분을 늘려 아이의 언행이 이해되지 않더라도 그 감정에 대해서는 존중해주려는 노력이 필요하다. 아이에게 가르치고 싶은 마음을 누르고 반대로 귀를 열어 아이의 이야기를 잘 듣고 그 마음을 알아주는 것이 요구된다. 부모의 이런 의사소통 방식이 아이에게 이어지면 아이들의 사회성 발달에도 도움이 될 것이다.

사회성 기술을 키워주는 일상에서의 도움들

사회성 기술은 다른 사람과 관계를 친밀하고 편안히 맺으며 의사소통하는 기술을 의미한다. 모두가 사회성이 뛰어나야만 하는 것은 아니며 사회성이 조금 부족해도 행복하게 지낼 수 있는 것도 사실이지만, 청소년기에는 사회성 기술 부족으로 인해 발생하는 어려움이 꽤 있다. 청소년기에도 사회성 증진이 충분히 가능하다는 것은 이미 여러 연구를 통해 밝혀졌다. 표준화된 사회성 치료 프로그램을 집에서 실행하지 못하더라도, 가정 안에서 부모님이 의식하고 도와줌으로써 아이들의 사회성 기술을 높일 방법들은 있다. 희망이 되기도 하고 두렵기도 한 이야기지만, 청소년기에도 부모의 말투와 행동, 부모-자녀 관계는 자녀에게 지대한 영향을 끼치기 때문에 부모가 함께하는 사회성 향상을 위한 가이드들은 아이들에게 분명 도움이 될 것이다.

공감능력은 사회성 개발에 있어 매우 중요하다. 공감도 배울 수 있는 것인가에 대해서는 연구가 꾸준히 진행되어왔고, 자녀들이 공감력이 뛰어난 부모의 행동을 지켜보고 모방하면서 같은 능력을 키워나간다는 보고가 있다. 청소년이 된 자녀와 의사소통하면서 공감해주는 것은 더 어린 시절의 자녀와 하는 것보다 더 큰 노력이 요구되는 일이긴 하다. 감정을 물어도 모르겠다고 답하면서 회피하는데다, 아이가 이야기하는 상황들을 듣다보면 자녀의 감정을 중시하기보다 무언가를 가르치고 바로잡아줘야 할 것 같은 생각이 드는 때가 청소년기이기 때문이다. 진료실에서 면담할 때 아이들의 이야기를 들으면서 "많이 슬펐겠다" "그 상황이면 정말 당황스럽고 화가 났을 것 같다"는 비교적 단순한 언급을 해주곤 한다. 이런 언급만으로도 아이들은 마음을 조금 열며 자기 이야기를 더 터놓고 하게 된다. 때로는 이야기를 듣다보면 그 아이의 슬픔이나 분노가 전해져 같이 그 감정에 머물기도 한다. 자기 감정이 어른에게 전해지고 어른이 공감해줬다는 경험을 하게 되면 아이들은 훨씬 더 부드러워진다. 이는 진료실뿐만 아니라 가정 안에서도 충분히 가능하다. 청소년들이 면담 때 많이 하는 이야기 중 하나는 "나는 부모에게 공감이나 위로를 바라고 말한 건데 자꾸 그냥 잊어라, 그건 이렇게 하라며 해결책을 제시하려 해서 말하기 싫다"는 것이다. 아이와 공감하는 대화를 하기 위해서는 아이 행동의 잘잘못에 주목하기보다는 이야기에 귀 기울여야 한다. 아이들이 꼭 알아야 할 가치들이 분명 있더라도 그걸 아이의 감정이 폭발하고 있는 바로 그 시점에 가르치면 효과가 있을 리 없다.

청소년기에는 분노 표출이 과도해 종종 사회적 관계에 어려움이 생긴다. 그 분노 표출의 대상이 부모에게만 한정되기도 하고, 친구들 사이에서 나타나기도 하며, 어떤 추상적인 사회 대상에게로 향하기도 한다. 분노 표출이 표면화되면 사회적 관계에서 상당한 어려움이 생긴다. 분노 자체는 경험할 수 있는 정상적인 감정이지만 그 분노를 공격이나 폭력성으로 표출하기보다는 인정하고 조절·관리할 수 있어야 한다. 그러면 우리는 자녀가 분노를 제어하고 그것이 사회적으로도 수용될 만한 범위 내에서 표현되도록 어떻게 지도할 수 있을까? 만약 정신건강의학과의 약물치료나 가족과의 관계 개선이 필요하다면 우선 그런 부분에 대한 접근이 필요하다. 여기서는 전문적인 치료까지는 필요치 않은 아이들에게 시도해볼 부분 혹은 전문적인 치료와 병행될 수 있는 부분에 대한 이야기하고자 한다.

분노 조절의 첫 번째 단계는 아이로 하여금 분노의 원인을 알 수 있도록 도와주는 것이다. 어떤 이유로 그렇게 화가 났는지 질문하면서 진지하게 들어주는 것이 도움이 된다. 때로는 화날 때마다 화나는 원인을 써보게 하는 것이 좋다. 분노 조절의 두 번째 단계는 스스로 조절할 수 있는 방법을 생각해보게 하는 것이다. 진료실에서 만나는 아이들에게는 가능하면 우선 그 자리를 피하는 방법을 제안해본다. 부모와 이야기하는 중에 분노가 치민다면 우선은 서로 자리를 떠나 각자의 시간을 갖는 것이다. 심신을 안정시키는 방법으로 알려진 복식호흡이나 점진적 이완법 등을 가르쳐준 뒤 시도해보도록 한다. 사실 이런 방법을 이야기할 때 어떤 청소년들은 내가 왜 화를 참고 갈등을 피해야 하느냐며 큰소리로 항변한다. 아이들과 관계를 형성하는 와중에 끊임없이 나는 네 편이다라는 메시지를 주면서 '지금 이런 모습은 네가 오해받게 만들고, 나중에 너한테 손해가 될 것 같아서 걱정이다' '이렇게 하는 게 너한테 더 안전할 것 같아 나는 그렇게 했으면 좋겠다고 생각한다'며 함께 방법을 찾아보는 것이 청소년기의 사회성 발달을 떨어뜨리는 과도한 분노 표출을 줄일 수 있는 길이다.

청소년기에는 사소한 갈등이나 충돌이 많이 발생한다. 이럴 때는 오히려 간단한 방법을 통해 갈등을 해결하도록 돕는 것도 괜찮다. 가령 동전 던지기나 가위바위보처럼 우연이 작용할 수 있는 방법을 동원해 무언가를 결정하도록 하는 것이다. 청소년기 아이들은 꼭 이기고 지는 일이 아닌데도 승패 개념을 적용하면서 사과하는 것은 본인이 지는 것이라고 여긴다. 가족 안에서부터 갈등이 있을 때 미안하게 느껴지는 점을 쉽게 사과하고 잘 받아주는 연습을 하면서 사과가 지는 것이 아님을 가르쳐주는 것도 도움이 된다. 사소하지 않은 좀더 복잡한 논쟁이 발생하는 갈등 상황을 잘 넘길 수 있도록 도와주는 데에는 복잡한 전략들이 필요할 수 있다. 우선은 아이들이 올바르게 의사소통할 수 있는 부분이 가능한지가 중요하다. 감정을 자제하고 침착하게 이야기하기, 비난하지 않으며 이야기하기, 다른 사람의 이야기도 경청하기 등이 갈등을 해결하는 데 필요한 기술이다. 또한 언어적 의사소통보다 비언어적 의사소통이 감정적인 부분을 많이 전달하는 데 효과적임을 알려주자. 의사소통 과정에서 감정이 전달되는 것과 관련된 연구에서, 감정이 전달될 때 55퍼센트는 표정이나 자세, 시선이 향하는 곳 등의 비언어적인 부분을 통해 전달이 되고, 38퍼센트는 목소리 톤으로 전달되며, 7퍼센트 만이 말의 내용을 통해 전달이 된다는 보고가 있다. 비언어적 의사소통은 감정적인 부분을 많이 담고 있어 갈등 상태의 상대방을 누그러뜨리기도 하고 화를 더 돋울 수도 있다. 가정 안에서 이런 부분들에 대한 시범을 보이고 알려주는 것이 필요하다. 가족 안에 갈등 상황이 일어났을 때 바람직한 의사소통 방법을 쓴 뒤 결론에 대해 서로 상의해보고, 부모가 원하는 결론이 아니더라도 기꺼이 동의해주는 모습을 보이는 것도 아이가 갈등을 어떻게 마무리하는지를 배울 좋은 기회가 된다.

청소년기 아이들의 사회성을 높이는 데 도움이 되는 것 두 가지를 더 이야기하려 한다. 하나는 부모 외에 아이가 존중할 수 있는 따뜻한 어른과의 경험이다. 청소년기 아이들은 부모에 대해서는 발달학적으로 양가감정을 갖게 된다. 애정을 받고 싶으면서도 그 애정이 간섭처럼 느껴져서 귀찮고, 아무리 맞는 이야기더라도 부모가 하면 우선 짜증부터 내고 본다. 의지하고 싶으면서도 독립하고 싶고, 때로는 아이처럼 돌봄을 받고 싶으면서도 동시에 어른처럼 대우받기를 원한다. 청소년기에 정서나 행동에 문제가 있는 친구들에게 일대일 멘토링과 위기 개입을 해주었을 때 많은 도움이 되었다는 연구 결과들은 지금도 나오고 있다. 진료실에서 성인들과 면담할 때 과거에 너무나 어려운 환경과 트라우마가 되는 경험들을 했지만 그럼에도 불구하고 사회성이 잘 발달했으며 긍정적인 삶의 태도가 도드라지는 분들을 가끔 만난다. 그럴 때면 성장과정에서 힘이 되는 어른이 곁에 있었는지 묻는데, 때로는 조부모님이, 때로는 학교 선생님이, 때로는 교회에서 만난 선배가 그들에게 든든하고 따뜻한 멘토였다는 답변을 듣는다. 혹시 주위에서 그런 어른을 찾기 어려우면 개인 상담을 해주는 치료자가 중요한 시기에 의미 있는 멘토가 되기도 한다.

또 하나는 건강한 공동체의 존재다. 청소년 시기에는 자율성을 원하고 주체성이 커지지만 본인이 호의적인 마음을 갖는 권위와 시스템에는 굉장히 협조적이고 잘 따르기도 한다. 또한 어느 정도 규모의 단체에서 본인의 역할이 주어질 때 이는 아이의 자존감과 사회성에 상당히 긍정적인 영향을 주게 된다. 어려운 점은 현실적으로 우리나라 청소년들이 속할 수 있는 건강한 공동체를 찾는 게 수월하지 않다는 것이다. 아이들의 사회성 향상에 도움이 된다고 느껴지던 공동체는 지도 교사가 있는 학교 내 동아리, 정기적 모임을 갖는 종교 단체, 청소년들을 위해 만들어지고 운영되는 단체, 음악 오케스트라, 청소년들도 합류 가능한 사회운동 단체 정도가 있다. 학년이 올라가면 학과 공부가 늘어나는데 이런 단체 활동을 꼭 해야 하냐는 반문이 제기되기도 하지만, 아이가 사회성 때문에 어려움을 겪는다면 꼭 유지할 것을 권한다. 사회성 때문에 병원 치료를 받고 있더라도 교내에서 본인에게 호의적이고 안전한 동아리를 활동을 하거나, 혹은 학교 밖의 청소년 위주로 이루어진 단체에서의 소속감을 비교적 명확히 가지고 있을 때 예상보다 힘들지 않게 학교에 적응해나가는 것을 보게 된다. 면담을 하다보면 어떤 공동체에 속해 있다는 것이 아이들에게 주는 심리적 위안감과 사회적 만족감은 상당하며, 이를 발판으로 다른 사회적 관계로 영역을 확장할 때 자신감 있게 나아가는 것이 보인다.

정확한 감별과 재빠른 의료적 개입의 중요성

더라크 등은 논문을 통해 213개 학교에서 사회성과 정서 증진 프로그램을 시행했을 때 매우 효과적이었음을 밝혔다. 아이들은 이 프로그램이 끝난 후 사회 정서적 자신감, 자기 스스로와 다른 이들을 향한 긍정적 태도의 향상, 친사회적인 행동의 증가 및 정서 문제의 감소를 나타냈다고 한다. 최근 한국에서도 일부 대학병원 등에서 표준화된 사회성 증진 프로그램들이 시도되어 좋은 성과를 보이고 있다. 아직은 일부 기관에서만 이루어지고 있는데, 이런 프로그램에 참여하는 것도 도움이 될 것이다.

임상적으로 자폐스펙트럼장애를 진단받는 등 사회성 부족이 명확한 아이들은 대개 어린 시절부터 치료 도움을 받기 시작한다. 치료적 연계가 끊이지 않고 성인이 되는 시점까지 꾸준히 이루어진 경우에 사회성 발달에 매우 큰 도움이 된다. 특히 청소년기에는 타인의 말과 생각을 읽고 이해하는 데 어려움을 겪는 아이들이 타인에 대해 오해하기도 하고, 오해를 사기도 해 이로 인한 스트레스를 많이 받는다. 타인에게 화를 낼 때도 이해받기 어려울 만큼의 격분과 공격성을 드러내곤 해 주의가 요구된다. 중고등학교에서의 과중한 학업 부담과 복잡해지는 또래관계에서의 스트레스로 우울, 불안 등의 정서적 반응이 많이 나타나기도 한다. 따라서 청소년기에는 치료 기관과의 연계를 놓지 않고 신뢰하는 선생님과의 꾸준한 만남을 통해 도움을 잘 받는 것이 꼭 필요하다. 아이가 겪는 어려움을 초기에 잘 발견해서 약을 일찍 쓰면 증상 악화를 막고 다른 병의 발병을 예방할 수 있다. 또한 좀더 복잡해진 또래와의 관계에서 어려운 점들을 매주 만나는 믿을 수 있는 치료자에게 공유하는 것도 아이가 일상에 적응하는 데 큰 도움이 된다.

사회성 문제가 심각하지 않아 기존에는 진단을 받지 않다가 청소년기에 병원을 찾는 이들도 있다. 진료실로 중학교 3학년 남자아이인 성진이가 들어왔다. 몹시 화난 눈빛이었으며 의사에게도 경계심을 보였고, 학교 상담 선생님과 상담하던 중에도 크게 화를 내며 자리를 박차고 나와 정신의학과를 방문하게 됐다. 성진이는 격앙된 목소리로 "1학년 실기평가 시간에 두 친구가 저를 비웃어서 마음에 남아 있었는데 얼마 전에 복도에서 또 비웃었다"며 용서할 수 없다고 했고, "흉기라도 들고 가서 어떻게 해보겠다"고 했다. 첫 면담 때 나는 성진이가 조울증의 경조증이 발병했거나 혹은 조현병 전 단계에 들어선 것은 아닐까 걱정됐다. 그래서 최대한 아이를 달래고 누그러뜨리며 약물 처방과 심리검사를 의뢰했다. 그런데 심리검사 결과는 예상 밖이었다. 조울증이나 조현병을 시사하는 증후는 다행히 없었으나 자폐스펙트럼장애인 아스퍼거 증후군으로 나온 것이다. 다음 외래 때 조금은 가라앉은 태도로 방문한 아이와 찬찬히 면담해보니 다른 아이들과의 비언어적·언어적 의사소통에서 원활하지 않은 면이 있었고, 본인이 한 번 생각한 부분은 절대 의견을 바꾸지 않았다. 성진이 부모님과 상담해봤더니, 어릴 때부터 사회성이 부족하다는 이야기를 종종 들었다고 했다. 사실 아이가 혼자서도 잘 지내는 편이라 큰 문제가 없었을 뿐 늘 조금 다른 것을 느껴왔다고 하셨다. 성진이 부모님은 부드러운 성정의 소유자였고 두 분 사이는 매우 좋았으며 아이와도 대화를 많이 하시는 편으로, 이런 안정적인 가정 환경이 아이에게는 보호 작용을 한 것으로 보였다. 성진이는 소량의 약물치료와 정기적인 외래 면담을 이어나갔고, 격했던 감정이 가라앉자 사회적 상황에 대한 유연성이 조금 부족한 것을 빼고는 문제없이 일상에 적응해갔다. 면담 때는 주로 본인이 이해하기 어려운 사회적 상황들에 대해 이야기했으며, 치료자가 때로는 공감해주고 때로는 설명하면서 다른 상황을 이해시켜줄 때 비교적 수긍하며 받아들이는 편이었다. 점차 증상이 좋아지고 적응도가 높아지면서 약물치료도 멈췄고, 외래 진료도 완료되었다.

성진이와의 진료 경험은 내게 중요한 임상 경험이 되었다. 정도가 약한 사회성 결핍이 있는 이들이 청소년기의 위기 상황에서 마치 정신의학과 병의 발병으로 보일 만큼 심한 증상을 나타낼 수 있어 감별이 필요하다는 것과, 이런 경우 위험한 상황으로 이어질 수도 있으니 재빠른 개입이 필요하다는 것을 깨우쳐줬다. 또한 이때 적절한 치료가 들어가면 빠른 회복과 안정적인 적응이 가능하다는 믿음도 생겼다.

사회성 결핍이 의미 있게 진단될 정도는 아닌 청소년들은 또래와의 상호작용에서 어려움을 느껴 이로 인한 우울, 불안 등으로 병원을 방문하곤 한다. 이때 우선 우울감이나 불안감이 일상생활에 지장을 줄 만큼 나타나면 의학적인 치료를 통해 증상을 완화시키는 것이 도움이 된다. 선천적으로는 사회성에 문제가 있지 않은데도 청소년기에 찾아온 관계에서의 어려움과 그로 인해 생긴 우울 및 불안이 해결되지 못하고 깊어짐으로써 오히려 성인이 되었을 때 대인기피증이 생기기도 한다. 청소년기 아이들의 사회생활에서 현재 어려움은 없는지, 아이가 느끼는 정서적 고통은 없는지, 특별히 힘들어하는 관계는 없는지 늘 관심을 갖고 지켜보며 필요한 시점에는 빠르게 도움을 주어야 하는 이유다.

인터넷 사회의 양지와 그늘

청소년들에게 친한 친구 그룹에 대해서 물어보면, 학교나 동네에는 친구가 없고 인터넷을 통해 알게 된 친구들과 가깝게 지낸다고 대답하는 경우가 꽤 많다. 인터넷을 통해서 알게 된 후 오프라인에서 만나 관계를 이어가기도 하고, 한 번도 만난 적은 없지만 1~2년 이상 많은 일상을 공유하며 친밀한 관계를 맺기도 한다. 어떤 때에는 인터넷상에서 만난 친구가 별 문제도 일으키지 않고 제법 도움이 되기도 한다. 하지만 아무래도 익명의 사람과 하는 대화이다보니 본인의 감정이나 현재 상황을 더 극화시켜 글로 표현하게 되고, 그러다보면 더 우울한 감정에 빠지기도 하며, 모르는 사람들과 우울함을 나누다가 자해 등의 위험한 자기 위로 방법들을 공유하기도 한다. 또 인터넷상으로 며칠간 친밀하게 이야기를 나누다가 상대방이 일방적으로 연락을 끊고 잠수를 타기도 하는데, 이때 반대 입장에서는 내 마음을 다 열어 보인 뒤 거절당했다는 절망감을 느끼기도 한다. 혹은 상대가 나와 연락을 끊은 것이 아니라 극도로 위험한 상황에 처해 연락을 못하게 된 것은 아닐까 걱정하며 안절부절못할 때도 있다. 나아가 성적인 이야기도 통제 없이 하면서 인터넷 범죄의 대상자가 되기도 하고, 오프라인 만남으로 이어졌을 때는 예상치 못한 성폭력 피해를 입기도 한다.

물론 인터넷으로 시작되어 맺는 사회적 관계가 청소년들에게 악

영향만 미치는 것은 아니다. 『여중생 A』라는 웹툰을 보면, 가정폭력에 반복적으로 노출되어 자라면서 주눅 들고 대인관계가 어려웠던 여중생 A양이 함께 게임을 하는 그룹 안에서는 현실을 잠시 잊고 주고받는 따뜻한 대화와 관계들로 인해 힘을 얻는 부분이 나온다. 실제로 진료실에서 만난 청소년들의 경우에도 인터넷에서 알게 된 친구와의 대화와 친밀감을 통해서 정서적인 안정감을 얻고 일상생활 적응에도 도움을 받는 경우도 드물지 않다. 우울증이 심해져 고등학교를 중퇴한 수진이도 병원 진료와 약물치료에 대한 거부감이 심한 경우였다. 하지만 인터넷으로 친밀해진 언니가 치료를 꼭 받아야 한다며 설득을 해 병원을 규칙적으로 다니기 시작했고, 약물도 매일 복용하면서 증상의 많은 호전이 있었다. 매사에 자신감이 없던 청소년이 본인의 연주 영상이나 편집한 영상을 SNS에 올렸을 때 받은 긍정적인 피드백으로 인해 자신감을 얻는 경우도 있다.

청소년기 아이들에게 인터넷 사용은 우려스러운 부분도 있지만 그렇다고 해서 사용을 완전히 금할 수는 없다. 아이들에게 인터넷은 이미 또 하나의 중요한 사회이자 현실과 떼어놓고 생각할 수 없는 유기적인 사회이기 때문이다. 다만 아직은 미성숙한 판단이나 충동적인 행동을 많이 할 수 있는 시기이므로 인터넷에서의 활동에 대해 적절한 가이드나 규제를 가해야 한다. 이러한 규제는 현실적으로 쉽지 않다. 청소년기 아이들은 본인의 휴대전화 사용이나 인터넷 사용에 대해서 비밀을 엄수하려 하며, 사용 내역이나 시간에 제한을 받는 것을 극도로 꺼린다. 그래서 사실은 아이들이 부모의 통제를 따르는 초등학생 시절부터 인터넷 사용만큼은 규칙을 만들어두고 그 안에서 사용하는 법을 지속적으로 훈련시키는 것이 요구된다. 어릴 때는 아무 통제 없이 풀어주다가 청소년기에 갑자기 통제하면 반발하고 따르지 않는다. 또한 청소년들은 비밀을 갖고 싶어하면서도 동시에 본인들의 세계에 대해서 말하고 싶어하기 때문에, 아이와 좋은 관계를 유지하고 있으면 인터넷 세상에서의 활동에 대해 알게 되는 것은 의외로 어렵지 않다. 만약 아이에게 구체적인 통제를 가하긴 어렵다고 느끼는 부모님이 있다면 휴대전화 사용금지 시간이라도 명확하게 설정하는 것이 좋다. 최소한 정해진 시간에는 반납하고 수면을 취하게 하는 것이다. 과도한 휴대전화 사용으로 인해 일상생활이 엉망이 되었던 아이들은 타협을 통해 반납 시간을 정하고 밤 수면을 제대로 취하면 일상 회복에 큰 도움이 된다. 부모가 아이의 인터넷 사용에 대한 통제를 아예 포기하는 순간, 인터넷에서의 사회적 관계들이 아이의 일상과 전반적인 발달과정에 악영향을 끼칠 수 있다. 완벽한 통제는 불가능하겠지만 지속적인 관심과 서로의 협상을 통해 규칙을 함께 정하며 일정 부분 사용에 제한을 가하는 것은 포기할 수 없는 부분이다.

성소수자 정체성에 대한 부모의 지지

청소년기의 사회성 발달과 관련해서 빠뜨릴 수 없는 부분은 성소수자로서의 정체성과 관련된 이야기가 아닐까 싶다. 성소수자로서의 정체성은 다시 두 부분으로 구분하여 생각해볼 수 있다. 첫째는 본인의 현재 성별 정체성에 대해서는 받아들이되 타인을 향한 성적 지향이 이성에게만 국한되지 않는 경우다. 본인이 여성이나 남성인 것에 대해서는 이질감이 없지만, 성적 지향성이 동성에게만 향하거나 동성과 이성에게 동시에 향하기도 한다. 둘째는 본인의 성gender에 대하여 태어나면서 정해진 성과 스스로 느끼는 성별이 일치하지 않는 경우이다. 이들 중 다수가 본인의 현재 성을 약물 요법과 수술 등을 통해 다른 성으로 바꾸고 싶어하며, 때로는 본인의 성별 정체성을 남성과 여성에 국한하지 않기도 한다.

임상 현장에서 보면 성소수자로서의 정체성을 밝히는 청소년들이 최근 몇 년 사이에 크게 늘었다. 예전에는 치료 관계가 상당히 형성된 후에야 이야기를 해주던 주제였다면, 최근에는 첫 면담에서부터 본인의 성소수자 정체성을 이야기하는 경우가 늘었다. 청소년들은 면담할 때 본인의 성소수자 정체성에 대해서 고민하기보다는 스스로 받아들인 상태인 경우가 많고, 주로 일상이나 본인의 증상, 정서에 대한 이야기를 하는 편이다. 반면 부모님들은 자녀의 성소수자 정체성 문제에 대해서 받아들이는 것과 관련해 어려움이 많고 관련하여 심리적인 혼란을 호소하시는 경우가 많은 편이다.

최근에 만나게 되는 부모님들은 과거에 만나게 되었던 부모님들에 비해서는 사고가 유연해졌다고 느끼는 편이지만, 그래도 대부분의 부모님들은 정신건강의학과 치료를 통해서 자녀의 성소수자로서의 정체성이 변화되기를 바라시는 경우가 많다. 드물게는 조울증 같은 기분장애의 증상이 나타날 때 일시적으로 성소수자로서의 정체성을 보이다가 병이 호전된 후에는 관련한 생각들이 변화되는 경우도 있다. 하지만 이런 경우보다는 병과 상관없는, 말 그대로 정체성인 경우가 더 많다. 이러한 성소수자 정체성과 관련한 생각들이 청소년기에 일시적으로 나타났다가 사라지는 경우도 있으나, 임상 현장에서 경험하기로는 성인기까지 일관되게 나타나는 사람이 더 많은 것 같다. 진료실에서 부모님들께 드리는 말씀은 정신건강의학과 치료가 자녀들의 성소수자 정체성 변화를 목표로 하고 있지 않으며, 임상 경과를 관찰하다보면 정체성의 변화가 나타나는 경우도 있지만 특정 치료를 통해서 그게 가능하지는 않다는 것이다. 다만 치료의 목적은 지금 나타나는 불안과 우울 등의 정신적 증상들을 완화하고 아이가 좀더 편안하고 행복하게 지내는 데 초점을 맞춘다고 설명한다. 그리고 아이들이 편안하고 행복하게 지내려면 부모님의 반응이 매우 중요하다는 것을 강조한다. 자녀의 정체성을 부인하려 하고 지지하지 못해주면 청소년들은 정서적·현실적으로 힘든 상황에 빠진다. 진료실에서 부모님들께는 성소수자 부모모임에서 발간한 『커

밍아웃스토리』라는 책을 한번 읽어보시길 권한다. 아이들의 성소수
자 정체성을 바꾸는 것은 쉽지 않지만, 부모님의 관점과 마음을 바
꿔 자녀들과의 관계가 회복되는 것은 가능하며 꼭 필요한 일이기 때
문이다. 성소수자 정체성과 관련한 부분들은 청소년시기에 국한된
부분이 아니라 성인이 된 후에도 관련한 고민이 깊어지고 많아진다.
성인이 된 후, 좀더 복잡한 갈등과 고민들을 마주하며 스스로 적응
하고 성장해나가야 할 때, 본인의 모든 것을 있는 그대로 인정해주
고 지지해주는 부모님이 계시다는 것은 무엇과도 바꿀 수 없는 큰
자산이 될 것이다.

　청소년기는 추상적인 추론 능력이 증가하면서 사회적 상황에 대
한 조망능력이나 다른 사람의 관점에서의 상황 이해 등이 비약적으
로 발전을 하게 되는 중요한 사회성 발달의 시기다. 이 시기에는 부
모와의 안정적인 관계, 다양한 긍정적인 경험, 적절한 교육, 개인에
게 필요한 치료 등을 통해 사회성과 관련된 뇌의 발달을 촉진시킬
수 있고 결과적으로 사회성 발달을 촉진시킬 수 있다. 또한 청소년
기는 급격한 인지 기능의 발달과 호르몬 변화 등으로 인해 사회성
과 관련된 부분에서도 불안정한 모습이 많이 나타나는 시기이기에

청소년기 발달의 특징을 잘 알고 도와주는 것이 필요하다. 부모님을 비롯한 보호자와 이 사회 어른들의 애정 어린 관심 및 도움 아래 청소년기 발달 과제들을 무사히 해나간다면 한 사람의 독립된 성인으로서 사회 안에서 잘 어우러져 지내는 사회성 발달의 과업을 이룰 수 있을 것이다.

7장

공격과 피해를 주고받으며 성장하는 아이들

학교폭력과 사회성

권국주

"내가 없어지더라도 날 기억해줬으면 좋겠어. 나는 병원 생활이 너무 행복했어. 고마워."

혜민이는 정신건강의학과 보호병동에 입원한 13세 여자아이다. 큰 눈과 작은 체구 때문에 또래보다 어려 보인다. 아이는 병동의 실습생 언니들을 잘 따랐다. 다른 사람들과 함께 있을 때는 발랄했지만, 혼자가 되면 우울해하고 나쁜 기억들에 휘둘렸다. 증상이 호전되어 보여 주치의와 부모가 퇴원을 논의하던 어느 날, 아이는 실습생에게 자살을 암시하는 편지를 보냈다. 퇴원은 즉각 연기되었다.

엄마는 혜민이가 눈치 없고 엉뚱한 이야기를 곧잘 하지만 큰 문제는 없는 아이라고 여겼다. 하지만 혜민이는 학교에 잘 적응하지

공격과 피해를 주고받으며 성장하는 아이들

못했다. 항상 반 전체 아이들이 자기 친구라고 했지만, 사실은 겉돌았고 자주 따돌림을 당했다. 본격적인 괴롭힘은 초등학교 4학년 때 시작되었다. 가해 그룹 아이들은 수시로 혜민이를 무시하는 말을 하고, 혜민이의 말과 행동을 따라하며 조롱했다. 이 아이들은 가벼운 장난을 한다고 생각했다.

혜민이는 당황했고, 어쩔 줄 몰라했다. 또래들이 모인 곳에 가면 숨이 막혔다. 점차 우울감, 공허감이 찾아왔고 만성화되었다. 6학년 여름방학부터 커터칼로 손목을 그었다. 하루에 몇 번씩 심한 불안이 엄습했고 자살을 생각하기 시작했다. 아이는 지금 보호병동에서 치료를 받고 있다.

> 학교폭력이란 학교 내외에서 학생을 대상으로 발생한 상해, 폭행, 감금, 협박, 약취, 유인, 명예훼손, 모욕, 공갈, 강요, 강제적인 심부름 및 성폭력, 따돌림, 사이버 따돌림, 정보통신망을 이용한 음란, 폭력 정보 등에 의하여 신체, 정신 또는 재산상의 피해를 수반하는 행위를 말한다.
> (학교폭력예방 및 대책에 관한 법률)

학교폭력은 전 세계적으로 공통되게 나타나는 현상이다. 일본은 이지매いじめ, 서구권은 불링bullying 등으로 부르며, 사회마다 정의하는 방식이 다르다. 국내에서는 학교폭력, 왕따, 집단 괴롭힘 등으로

불리다가 2004년 '학교폭력예방 및 대책에 관한 법률'에서 의미와 범위를 정의했고, 점차 학교폭력으로 용어가 통일되는 추세다.

학교폭력은 세 가지 특징을 띤다. 첫째, 고의성이다. 실수가 아닌 고의로 상해를 입히고 괴롭히는 행동이다. 둘째, 반복성이다. 대부분의 학교폭력은 일회성이 아니며 되풀이된다. 셋째, 힘의 불균형이다. 힘과 권력이 강한 아이가 약한 아이를, 다수가 소수를 공격하는 특성이 있다.

누구나 공격성을 가진다

1995년 페플러와 크레이그는 비디오카메라와 원격 마이크를 이용해 운동장에서 놀고 있는 초등학교 저학년 아동들의 상호작용을 관찰했다. 이를 통해 두 사람은 부모에게 보고되지 않는 아동 간의 미묘한 공격 행동을 직접 관찰할 수 있었다. 공격적인 아동들은 놀이 중 8분에 한 번꼴로 잦은 공격 행동을 보였다. 놀리고, 살짝 밀치고, 놀이를 방해하는 등 어른들이 눈치채지 못할 미묘한 행동을 쉼없이 한 것이다. 더 놀라운 점은 평소 부모나 교사가 전혀 공격적이지 않다고 여겼던 아동도 11분에 한 번꼴로 공격 행동을 했다는 사실이다.

사람은 누구나 공격성을 갖고 있다. 심지어 발달 첫 단계에 있는

공격과 피해를 주고받으며 성장하는 아이들

영유아도 공격성을 보이곤 한다. 어린이집에서 흔히 보이는 장면을 떠올려보자. 한 아이가 친구의 장난감이 탐이 난다. 아이는 있는 힘껏 친구를 밀치고 장난감을 빼앗으면서 한바탕 소동이 벌어진다. 이렇게 초기 발달 단계에서는 원하는 것을 얻고 싶은 소망이 물리적인 공격 행동을 유발할 수 있다.

하지만 이런 전략은 곧 부모, 교사, 또래 아이들에게 제지당한다. 공격 행동으로 인해 아이는 엄마에게 꾸중을 듣고, 친구들에게 나쁜 평판을 얻을 수도 있다. 인지능력이 자라면서 아이는 자신의 공격 행동이 어떤 결과를 낳을지 예상할 수 있게 된다. 그리하여 점차 가족과 사회가 허용하는 선에서 자신의 소망을 달성하는 기술을 습득한다.

그렇다고 공격성이 사라지는 것은 아니다. 내면에 감춰진 공격성은 기회를 엿보다가 은밀한 형태로 바뀌어 아이들의 행동에 영향을 미친다. 다른 아이를 때리거나 뭔가를 빼앗고 싶은 충동은, 괴롭히는 말을 하고 소문을 퍼뜨리며 사회적 관계를 파괴하는 형태로 변화한다.

많은 연구자는 학교폭력이 발생하는 단일 기전을 찾으려고 시도했지만 실패했다. 학교폭력은 그 불리는 이름의 수만큼 복잡하며, 아이들을 둘러싼 생물학적·심리적·사회적 요인이 복합적으로 작용하는 것으로 알려져 있다. 지금까지 밝혀진 학교폭력의 위험 요인들은 다음과 같다.

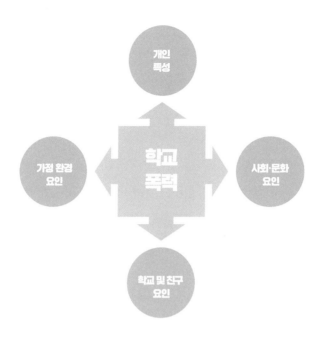

첫째, 개인적인 특성의 차이다. 공격적인 아이들은 뇌 기능에서도 차이를 보인다. 두뇌의 이마 쪽 부위인 전전두엽은 감정과 행동을 돌아보고 조절하는 역할을 한다. 전전두엽 기능이 약한 아이는 스스로 공격 충동을 잘 조절하지 못한다. 공감능력도 영향을 미친다. 타인의 육체적·심리적 고통에 대한 공감은 다른 아이들에 대한 공격성에 브레이크 역할을 한다. 따라서 타인의 고통에 대한 공감능력이 약한 아이들이 학교폭력의 가해자가 될 가능성이 있다. 개인의 성격 특성 및 정신 장애도 영향을 준다고 알려져 있다. 품행장애, 주의력결핍과잉행동장애와 학교폭력은 상관관계가 있다고 한다.

둘째, 가정 환경 요인도 중요하다. 부모와의 애착 문제 혹은 지속적

공격과 피해를 주고받으며 성장하는 아이들

인 갈등, 방임, 부적절한 훈육, 학대처럼 성장과정에서 누적된 부정적인 경험은 아이의 정서 처리 기능과 실행 기능 형성에 영향을 미치며, 학교폭력의 가해·피해와 연관된다. 특히 만성적인 가정 내 폭력을 경험한 아이들이 학교폭력의 가해자로 돌변하곤 한다. 셋째, 아동의 학교 적응과 친구 문제다. 반복적인 학교폭력 가해 청소년들은 일반 청소년에 비해 충동 조절에 어려움을 겪으며, 품행에 문제가 있다. 이들은 원만한 친구 관계를 형성하기 어려워하고 교사와 갈등관계이며, 학교 적응에 어려움을 겪곤 한다. 친구의 영향으로 학교폭력을 시작하게 되는 아이도 있다. 마지막으로 사회 문화적 요인을 꼽는다. 흔히 대중매체가 학교폭력의 원인으로 지목된다. 현재 아동들이 TV와 인터넷 등의 매체를 통해 다양한 형태의 폭력물을 경험하며, 모방 폭력을 한다는 보고가 있다. 뿐만 아니라 지나친 공부 압력, 경쟁 위주의 교육 환경 역시 학교폭력의 위험 요인이다. 단, 앞서 말했듯이 어느 한 가지가 필요충분조건인 것은 아니며, 다양한 요인이 복합적으로 학교폭력에 영향을 미치는 것으로 봐야한다.

학교폭력의 긴 그림자

학교폭력은 흔히 다음과 같은 세 유형으로 구분된다. 첫째, 신체적 폭력으로 몸에 해를 입히고 재산상의 손실을 입히는 행동이다. 가볍게 밀고 치는 행동에서 시작해 폭행, 침 뱉기, 물건 망가뜨리기, 그 외의 가혹 행위를 포함한다. 둘째, 언어적 폭력으로 말 혹은 글을 사용해 심리적인 괴로움을 주는 행동이다. 가벼운 놀림에서 시작해 본인과 가족(특히 부모) 모욕하기, 욕설, 비아냥거리기, 위협하기(말/쪽지/이메일) 등을 포함한다. 셋째, 관계적(정서적) 폭력으로 친구 관계를 무너뜨리고 고립시키려는 행동이다. 소외시키기, 거부하기, 무시하기, 비웃기, 나쁜 소문 퍼뜨리기, 공개적으로 망신 주기, 지속적으로 귀찮게 하기, 따돌리기 등이 있다.

현재 교육부(학교폭력실태조사), 보건복지부(아동종합실태조사), 푸른나무재단(전국학교폭력실태조사)에서 정기적으로 학교폭력 현황을 조사하고 있다. 2019년 교육부 학교폭력 실태 조사에서 최근 1년간 학교폭력 피해 응답률은 전체의 1.6퍼센트(초 3.6퍼센트, 중 0.8퍼센트, 고 0.4퍼센트)였다. 피해 유형은 언어폭력(35.6퍼센트), 따돌림(23.2퍼센트) 순이었다. 2018년 보건복지부 아동종합실태조사에서는 전체 아동의 30.3퍼센트(남 32.8퍼센트, 여 27.6퍼센트, 9~11세 34.5퍼센트, 12~17세 28.2퍼센트)가 평생 한 번 이상 학교폭력을 경험했다고 보고했다. 2019년 푸른나무재단(과거 청소년폭력예방재단) 보고를 보면, 전국 초·중·고등학생 중 2018년 한 해 동안 학교폭력 피해를 당한 비율은 6.6퍼센트, 가해를 한 비율은 4.1퍼센트였다.

각 조사는 학교폭력에 대한 정의, 조사 기간, 설문 방법 등이 달

공격과 피해를 주고받으며 성장하는 아이들

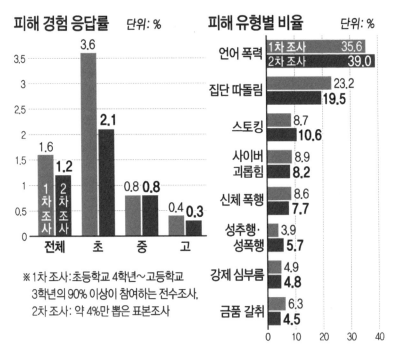

피해 경험 응답률   단위: %

- 전체: 1차 조사 1.6, 2차 조사 1.2
- 초: 3.6, 2.1
- 중: 0.8, 0.8
- 고: 0.4, 0.3

※ 1차 조사: 초등학교 4학년~고등학교 3학년의 90% 이상이 참여하는 전수조사, 2차 조사: 약 4%만 뽑은 표본조사

피해 유형별 비율   단위: %

유형	1차 조사	2차 조사
언어 폭력	35.6	39.0
집단 따돌림	23.2	19.5
스토킹	8.7	10.6
사이버 괴롭힘	8.9	8.2
신체 폭행	8.6	7.7
성추행·성폭행	3.9	5.7
강제 심부름	4.9	4.8
금품 갈취	6.3	4.5

출처 연합뉴스 2020년 1월 15일

2019년 학교폭력 실태 조사 결과
2차 조사(2019.9) 초등학교 4학년~고등학교 2학년 학생 약 13만 명 참여

라 결과에 차이를 보인다. 단 공통적으로 보고하는 폭력의 양상은 다음과 같다. 첫째, 신체적 폭력(폭행, 금품 갈취 등)은 줄어드는 반면 발견이 어려운 언어적·정서적 폭력이 증가하고 있다. 둘째, 과거에 이른바 일진으로 불리는 학생이 괴롭힘을 주도하는 상황은 줄어들고, 일반 학생들이 장난처럼 폭력을 시도하는 비율이 증가했다. 셋째, 스마트폰과 SNS를 이용한 사이버 폭력이 급증하고 있다. 피해 학생이 전학 간 후에도 SNS를 이용해 지속적으로 괴롭히는 사례가 보고되기도 했다.

학교폭력을 경험한 아동은 다양한 정신적 후유증을 겪는다. 이는 가벼운 우울감, 불쾌감, 혹은 일시적인 자신감 저하와 같은 정상적인 기분 반응에서 시작해, 주요우울장애, 외상후스트레스장애와 같은 정신 질환 혹은 자살로까지 이어지는 등 그 범위가 넓다. 진료실에서 학교폭력 피해 아동들을 만나보면 아동기의 일로 인해 성인이 된 후까지 고통받는 사례도 많다.

자신의 생명과 안전을 위협하는 사건을 경험하는 것을 외상trauma이라 한다. 외상을 경험하면 우리는 두려움, 분노, 회피 등의 감정을 느낀다. 생존을 위한 자연스러운 본능이다. 하지만 이러한 외상 반응이 반복되거나, 일회성이라도 압도적이면 정신 질환으로 이어질 수 있다. 대표적인 질환이 우울증과 외상후 스트레스 장애다. 우울증(주요우울장애)은 지속적인 우울감과 수면의 변화, 식욕 및 체중의 변화, 죄책감과 책임감, 무가치감, 자살 사고와 같은 우울 증상들

공격과 피해를 주고받으며 성장하는 아이들

이 적어도 2주 이상 지속되는 상태를 의미한다. 단, 아동 청소년은 감정 표현의 양상이 성인과 달라, 우울증 양상도 다르게 나타난다. 우울한 기분, 의욕 저하, 식욕 부진, 불면 등 전형적인 우울 증상보다 짜증, 기분 변화, 반항, 행동장애 등으로 발현되곤 해 성격 문제, 사춘기의 반항 등으로 오인되어 적절한 치료를 받지 못하는 이들이 많다. 가족과 교사의 세심한 주의가 요구되는 이유다.

아이의 사회성은 학교폭력에 어떤 영향을 미칠까

지성이는 성추행 가해자로 지목되었다. 같은 반 학생들에 따르면, 음악학원에서 한 여학생 뒤로 지나가면서 지성이가 그 여자애의 엉덩이를 만졌다고 한다. 게다가 아이들은 지성이가 원래 음흉한데다 이상했다고 말했다. 지성이는 학원 교사의 추궁에 묵묵부답이었다가 도리어 화를 내기도 했으며, 피해 학생에게는 사과 한마디도 없었다. 지성이 어머니는 피해 여학생과 부모를 찾아가 죄송하다고 말하면서 용서를 빌었다. 지성이를 데려가 사과하라고 시켰지만 적극적이지 않았고, 그런 아이의 태도에 피해자와 주변 사람들의 반응은 더욱 차가워졌다.

입을 다물고 있던 지성이가 몇 주에 걸쳐 조금씩 꺼낸 이야기는 사실 단순했다. 사물함에서 물건을 꺼내려고 여학생 뒤로 지나가다 다른 아이에게 밀려 만지게 되었다고. 하지만 인터넷에서 사과를 하면 죄를 인정하는 것이 된다고 들어서 사과를 안 했다고. 어머니는 억장이 무너지는 것 같았다.

처음부터 빠르게 실수를 인정하고 사과했으면 가벼운 해프닝으로 끝났을 일이었다. 결백을 주장하고 싶었다면 자신의 입장을 조리 있게 설명하면 그만이었다. 아니, 아들 편을 들어줄 친구 한 명만 있었다면 상황은 달라졌을 것이다. 하지만 지성이는 그런 사회적 기술이 부족한 아이였다. 지능은 좋으나 사회성이 많이 떨어졌다. 정신건강의학과 의사는 고기능 자폐(아스퍼거 증후군)의 특성이라고 설명했다. 한편 지성이는 피아노에 우수한 재능을 보였다. 지방 소도시 출신인 아이는 이 학원을 다니며 국립대 음악대학 입시를 준비하던 중이었다. 지역 대회 대상을 수상한 경력이 있을 만큼 실력을 지녀 가능성은 충분했다.

부모는 아이와 몇 주 동안 이야기를 나누면서 실제로는 지성이가 오히려 괴롭힘을 당하고 있었다는 정황을 파악하게 되었다. 지성이는 학원 내 주류 아이들과 출신 학교가 달랐는데, 실력은 최상위권이어서 이를 고깝게 보는 시선이 많았다고 한다. 몇몇 아이는 지성이를 학원 밖으로 불러내 폭언하고 뺨을 때리기까지 했다. 은밀한 괴롭힘도 예상됐지만 지성이가 이를 잘 묘사하지 못했다. 지성이가 사과를 유독 힘들어했던 데에는 괴롭힘을 당한 일도 영향을 미쳤던 듯하다. 사실 성추행 사건도 가해 그룹 아이 한 명이 의도적으로 밀어 벌어진 일이라는 소문조차 돌았다.

학원 원장은 지성이에게 학원에서 나가달라고 요구했다. 결국 어머니는 지성이를 설득해 학원을 그만두게 했다. 학원을 가지 않았고 몇 달이 흘렸는데도 SNS를 통해 학교에서는 다시 성추행 사건이 퍼지기 시작했다. 학교폭력 위원회가 열렸다. 담임 교사는 어머니에게 전화를 걸어 전학을 권유했다.

학교폭력의 피해는 무작위로 벌어지지 않는다. 무리 속을 살펴보면, 유독 학교폭력의 타깃이 되는 아이를 발견할 수 있다. 호지스와 페리는 쉽게 학교폭력의 목표물이 되는 아이들의 특성을 보고했다. 이 연구에는 피해 아이들의 다양한 특성이 묘사되어 있는데, 자세히 보면 상당 부분 사회성이 부족한 아이들에게서 나타나는 모습과 겹친다.

- 신체적, 발달학적 취약성: 왜소한 체구, 말이 늦는 아동
- 다른 아이의 요구를 거절하기 어려워한다
- 친구들에게 자기주장을 잘 하지 못함
- 폭력에 쉽게 굴복·좌절하고 두려워한다
- 또래 그룹에의 참여 기술, 유머 등의 사회 기술이 미숙하다
- 친구가 적어 또래 집단에 대한 방어 정도가 약하다
- 우울하거나 불안함

- 지나치게 자기 중심적이거나 잘난 척을 함
- 특이한 말, 행동이나 외모

소아 정신 질환의 영역에서 살펴보자. 여러 발달 문제를 동반한 아동들은 학교폭력의 표적이 되기 쉬운 취약성을 지니고 있다. 주의력결핍과잉행동장애 아동은 산만한 행동과 눈치 없는 언행으로 또래의 빈축을 사고 따돌림의 대상이 되기 쉽다. 고기능 자폐성 장애(아스퍼거 증후군) 아이는 일반 학급에서 또래와 같이 통합수업이 가능하지만, 특이한 언어나 사회 기술의 부족으로 친구 없이 외톨이로 지내곤 한다. 이 과정에서 가해 학생들이 자폐성장애 특유의 말투와 행동을 집중적으로 놀리며 괴롭힌다. 또한 대인관계에서 쉽게 불안을 느끼거나 과민한 아이들도 따돌림 당하거나 학교폭력의 피해자가 되기 쉬운 취약성을 지니고 있다. 따라서 이들에 대한 주의 깊은 관찰과 도움이 요구된다. 반면 보스워스는 1999년 논문에서 아래와 같이 학교폭력 가해 아동의 특성을 보고했다.

- 지배 욕구가 강하다. 이기거나 최고가 되고 싶어한다
- 흔히 낮은 자존감, 부정적인 자기 개념을 갖고 있다
- 우울과 불안 수준이 높을 수 있다
- 타인에 대한 공감능력, 타인의 관점 수용능력이 떨어진다
- 또래에 대해 소속감이 낮고 불만 수준이 높다

공격과 피해를 주고받으며 성장하는 아이들

- 부모와의 관계에서 방치, 학대를 경험했을 가능성이 있다

눈길이 가는 항목은 타인에 대한 낮은 공감능력이다. 타인에 대한 정서적·인지적 공감은 사회성 형성에 있어 중요한 요소다. 소아정신 질환의 영역에서 살펴보면, 주의력결핍과잉행동장애나 품행장애와 같은 행동장애가 학교폭력 가해의 요인이 될 수 있다. 행동장애를 가진 아이들이 보이는 과잉 행동, 충동 조절의 어려움 등은 학교폭력에 영향을 미칠 수 있다. 또한 사회적 인지가 부족하고 또래에 대한 공감능력이 떨어지는 아이들이 있는데 이러한 특성 역시 학교폭력에 영향을 준다. 어린 시절 지속적인 정서적·신체적 학대와 방임을 경험한 아이들 역시 학교폭력 가해자가 될 위험이 높다. 만성적인 학대로 인한 공격성이 타인에게 투사되거나 사회적 행동의 인과관계에 대한 이해가 부족하고 타인의 마음 읽기에 문제를 보이는 아이들도 있다.

가해자와 피해자의 뒤바뀜

가해자와 피해자가 늘 명확하게 구분되는 것은 아니다. 가해자와 피해자 사이에 힘의 차이가 크지 않은, 약한 수준의 학교폭력은 상황에 따라 힘의 관계가 역전되거나, 가해자와 피해자의 경계가 모

호해지는 일이 흔히 일어난다. 예를 들어 놀림(언어폭력)을 당하던 아이가 친구에게 도움을 요청하고, 이 둘이 원래 가해 아동에게 되갚아주면서 힘의 관계가 역전될 수 있다.

반면 가해자와 피해자 간 힘의 불균형이 뚜렷한데도 이 관계가 뒤집힐 때도 있다. 오랫동안 학교폭력의 피해자였던 아동이 우발적으로 신체적 폭력을 저지르면서 가해자로 돌변하는 게 대표적이며, 이런 일은 종종 보고된다. 특히 사회성에 약점이 있어 아이를 도와줄 지지 체계(친구)가 부족하고, 학교폭력을 장기간 경험하면서도 주위에 도움을 요청하기 어려워하는 경우 인과관계를 설명하기 힘든 과격한 폭력적 가해 행동을 갑작스레 벌이기도 한다.

장기간 학교폭력에 노출된 가해자(피해-가해자)는 불안장애, 우울증 등 정신 질환을 앓을 위험이 높다. 극단적이거나 폭력적 수단을 이용하고, 가해자나 그 외의 대상에게 보복할 가능성이 높아진다. 1999년 미국 컬럼바인 고등학교 총기 난사 사건을 포함해 1990년 이후 미국 학교 총기 사고 중 상당수를 살펴본 결과 가해자들이 과거에 학교폭력과 따돌림의 피해자였던 것으로 드러났다.

부모는 어떤 역할을 해야 할까

부모가 민아의 변화를 느낀 것은 두 달 전이었다. 민아는 초등학

공격과 피해를 주고받으며 성장하는 아이들

교 2학년 여자아이다. 민아는 큰 방울이 달린 모자를 유독 좋아했는데, 어느 날 갑자기 방울이 사라져 있었다. 부모가 방울은 어디 갔느냐고 물으니, 민아는 놀다가 잃어버렸다고 대답하면서 표정이 어두워졌다. 그때부터 학교 가기를 좋아하던 민아는 점점 학교 가기를 꺼리고, 배가 아프다며 학교에서 조퇴하는 날이 늘었다. 최근에는 유치원 다닐 무렵 잠시 보이다 사라졌던 눈을 깜빡이는 틱 증상이 다시 나타나 부모는 마음을 졸였다. 민아의 반에는 충동 조절이 어려운 친구가 있었다. 원하는 것을 들어주지 않으면 소리를 지르고 화를 냈다. 알고 보니 민아의 방울을 빼앗아간 것도 이 친구였다. 갑자기 가위로 방울을 잘라갔고, 집에 이야기하면 죽여버릴 거라고 위협했다고 한다. 이미 같은 반 학생 여럿이 발로 차이거나 주먹으로 배를 맞는 등 신체적 폭행을 당한 터였다. 담임 선생님도 신체적 폭행을 당하는 아이들을 우선적으로 보호하느라 미처 민아까지 신경을 쓰고 있지 못한 듯했다. 부모는 깊은 고민에 빠졌다.

가해, 피해를 막론하고 학교폭력에 휘말린 아이의 부모는 마음이 무너진다. 민아의 부모도 그랬다. 폭력 피해를 미리 알아차리지 못했다는 죄책감, 힘들어하는 딸에 대한 안쓰러움 그리고 가해 학생과 그 부모, 교사에 대한 분노가 치밀었다. 너도 당하지만 말고 한대 때리기라도 하지 그랬냐며 애꿎은 아이를 타박해보기도 했다.

잠시 상처받은 마음을 내려놓고 사건부터 수습하려고 굳게 마음먹어보지만, 막막하다. 아이는 어떻게 보호해야 하며, 가해자 부모와는 어떻게 이야기를 시작해야 하나? 아이는 병원에 데려가 상담을 받아야 하나? 학교는 계속 보내야 하는 걸까?

우리 아이가 가해자인 상황부터 시작해보자. '내 아이가 그럴 리 없다'는 마음을 최대한 내려놓고 객관적인 사실을 수집하며 사실관계를 따지는 것이 우선이다. 구체적인 가해 사실이 확인되었다면, 확인된 폭력 전후로 추가 폭력이 있었는지, 폭력을 유발한 아이의 심리적 원인과 환경적 원인은 없었는지 확인한다. 또한 담임 교사와 학교에 즉각 보고하고 도움을 청한다. 학교와 피해 아동 측에서 먼저 문제가 제기되었다면 일단 흥분을 가라앉히고, 사실 확인 절차에 최대한 협조한다. 또 피해 학생과 부모에게는 진심으로 사과한다. 이때 합의, 배상금과 같은 민감한 사항은 성급하게 꺼내지 않도록 한다. 진심 어린 사과가 피해 학생과 부모에게 받아들여진 후에 논의하는 것이 좋다. 아이의 잘못된 행동은 지적하되, 인격적으로 지도하는 것 역시 중요하다. 일벌백계를 한다며 심한 체벌, 폭언을 하는 것은 부적절한 죄책감 혹은 분노를 불러일으키며 또 다른 가해의 원인이 될 수 있다. 가능한 한 지지해주고 공감하는 태도로, 아이로 하여금 충분히 반성하고 피해 학생의 고통을 같이 느낄 수 있도록 돕는다. 또 아이가 스스로 잘못을 책임질 기회를 마련한다. 특히 부모가 무조건 막고 처리해준다는 태도는 절대 금물이다. 아이의 감정에는 공감해주되, 행동은 스스로 책임질 수 있도록 한다. 자신의 잘못을 직접 매듭지어본 경험은 추후 같은 실수를 반복하지 않도록 하는 훌륭한 교훈이 될 수 있다.

아이가 피해자라면 고려해야 할 상황이 더 많다. 우선 실제 학교폭력의 발생과 그 정도를 파악해야 한다. 학교폭력의 정도는 다양하다. 놀리고 겁주는 가벼운 폭력에서 시작해 우울, 불안을 유발하거나 신체적 상해를 입히기도 한다. 특히 괴롭힘이 심각하다면, 아이가 극심한 무기력에 빠져 부모에게 피해 사실을 숨기기도 한다. 다음은 학교폭력 피해 학생에게서 관찰될 수 있는 신호다.

- 설명하지 못하는 상처, 부상
- 찢어진 옷. 책과 소지품을 잃어버림
- 잦은 두통이나 복통
- 갑작스러운 식습관 변화(입맛이 없거나 폭식)
- 수면장애 혹은 악몽
- 성적 저하. 공부에 대한 관심 저하. 등교 거부
- 용돈을 더 달라고 하거나 부모의 돈에 손을 댐
- 평소에 다니던 길로 가려고 하지 않음

아이가 학교폭력의 피해 가능성이 있다면 아이와의 대화를 시도해 피해 정도에 대한 정보를 얻고, 대책을 논의해야 한다. 특히 청소년은 부모로부터 정신적으로 독립을 시도하는 시기이므로, 또래관계에서 얻은 마음의 상처를 털어놓길 꺼린다. 아이의 마음이 다치지 않게 대화를 하려면 다음과 같은 단계를 밟도록 한다.

첫째, 아이에게 공감하고 아이를 안심시킨다. 아이의 고통을 짚고 위로해준다. 그동안 힘들게 버텨온 상황을 인정해준다. 도움을 청하는 것은 부끄러운 일이 아님을 주지시키고, 부모가 더 이상 피해를 당하지 않도록 도와주겠다며 안심시킨다. 둘째, 아이로부터 학교폭력에 대해 최대한 자세한 정보를 얻는다. 사건에 대한 객관적인 개요, 진위 여부, 피해 기간 및 강도, 가해자의 신상을 파악하도록 한다. 이때 아이를 지지하는 태도를 유지한다. 아이가 갈등의 원인을 제공했을 수도 있으므로 아이의 평소 사회성이나 언행, 또래관계 문제도 확인한다. 단, 부모가 상황을 충분히 이해하기 전에 대책을 이야기하거나, '그 정도면 괜찮다' '별일 아니다'라는 식의 논평은 하지 말아야 한다. 섣부른 조치는 아이의 입을 닫게 만들기 때문이다. 셋째, 대책을 세우고 적용한다. 학교폭력의 정도가 가볍고 아이의 고통이 크지 않다면, 아이와 대처법을 논의하고 스스로 적용해보도록 지도한다. 폭력이 강하고 고통이 크다면 즉각 학교에 사태를 알리고 피해를 중단시킨다. 이 과정에서 아이의 의견을 경청하고, 아이의 의사가 처리 과정에 반영되도록 한다.

아이와 함께 학교폭력에 잘 대처하도록 도울 수 있다. 폭력의 유형에 따른 대처법에 대해 알아보자. 우선 언어폭력에 대한 대처법이다. 초등학교에서 가장 흔한 학교폭력은 언어폭력이다. 어린아이들은 외모나 별명을 가지고 놀리며, 좀더 큰 아이들은 피해 아동과 가족을 조롱하면서 괴롭힌다. 가해 아동에게는 사소한 장난이겠지만, 공개적으로 비웃음거리가 되는 아이들은 심한 모욕감을 느낀다. 대개 놀리는 이유는 저항하며 울음을 터뜨리는 모습을 가해 아동들이 즐기기 때문이다. 이때 옆에서 지켜보던 아이들까지 동조하면 즐거움은 더 커진다. 괴롭히는 아이는 이 과정에서 힘의 우위를 확인하며 만족감을 느낀다.

언어폭력에 대처하기 위해서는 흔들리는 마음을 최대한 붙잡아야 한다. 조롱에 휘말려 화내거나 울면서 맞받아치면 가해 아동이 의도한 것에 휘말린다. '이게 재미있어?' 하는 표정으로 놀리는 말을 차분히 인정하고 자리를 뜨거나 유머로 받아치면 가해 아동의 욕구를 무력화할 수 있다. 단, 공격성이 심한 가해 아동들은 무시를 당했다고 느끼며 신체적인 폭력을 가하기도 하는데, 이때는 반드시 자리를 피하고 어른들에게 도움을 요청하도록 한다.

둘째, 신체 폭력에 대한 대처법이다. 신체 폭력의 경우 가해 아동의 특성을 파악하는 것이 중요한데, 크게 두 부류로 나뉜다. 하나는 스스로 충동을 조절 못해 수시로, 또 모두와 싸우며 또래관계가 좋지 않은 유형(싸움꾼)이고, 다른 하나는 또래와 무리 지어 다니며 자신보다 약한 아이들을 괴롭히는 유형(괴롭히는 아이)이다.

싸움꾼은 무조건 피한다. 가능한 한 자극하지 않고, 특히 위험지대(화장실, 학교 밖 등 으슥한 곳)로 부르면 응하지 않은 채 어른에게 도움을 요청하도록 한다. 반면, 괴롭히는 아이는 가능한 한 초기에 단호하게 대처할 필요가 있다. 툭 치는 등 가벼운 신체 폭력을 하려고 하면 '하지 마라' '싫다'면서 단호하게 거부 표시를 한다. 신체 폭력이 아이가 감당 못할 수준으로 이뤄졌다면 반드시 어른들의 도움을 요청하도록 한다.

마지막으로 최근 빠르게 늘어나고 있는 유형인 사이버 폭력에 대해 살펴보자. 유행이 급격히 변해 따라잡기 쉽지 않다. 과거에는 욕설이나 조롱하는 문자를 직접 보내던 언어폭력이 주류였다면 지금은 SNS상에서의 관계적 폭력을 시도하는 형태가 주를 이룬다. 개인 SNS 계정에 악플을 달거나, SNS를 이용해 험담과 소문을 퍼뜨리기도 한다.

이때 즉각적인 대응은 피하는 것이 좋다. 특히 화가 가라앉지 않은 상태에서 댓글을 달거나 글을 게시하는 것은 하지 않는 게 좋다. 분이 풀리지 않으면 잠시 휴대전화나 인터넷 사용을 멈추도록 한다. 평소 SNS에 사이버 폭력의 재료가 될 만한 개인 정보가 노출된 글, 사진을 올리지 않도록 교육한다. 또 공격하는 메시지나 글은 추후 증거 자료가 될 수 있으므로 함부로 삭제하지 않도록 하며 필요할 때는 캡처해놓는다. 마찬가지로, 문제가 심각하면 반드시 어른들의 도움을 요청하도록 한다.

선처가 답일까

"지난 6월 옥상에서 뛰어내려 숨진 울산의 한 중학생이 동급생들의 학교폭력에 지속적으로 시달렸던 것으로 밝혀졌다. 사건 당시 학교폭력심의위원회(이하 학폭위)는 두 차례나 '혐의 없음'으로 결론을 내렸는데, 그 과정에 학폭위의 부실 검증과 학교장의 사건 은폐 시도가 있었던 것으로 드러났다."(『조선일보』 2017년 9월 12일자)

학교폭력은 발생에 대한 인지를 했다면 신고할 의무가 있다. 이는 학교폭력예방법에도 명시되어 있다. 1. 학교폭력 현장을 보거나 그 사실을 알게 된 자는 학교 등 관계 기관에 이를 즉시 신고하여야 한다. 2. 제1항에 따라 신고를 받은 기관은 이를 가해 학생 및 피해 학생의 보호자와 소속 학교의 장에게 통보하여야 한다.(학교폭력 예방법) 학교 관계자 대부분은 학교폭력에 민감하며, 학생들을 보호하기 위해 노력하고 있다. 다만 일부 교사는 피해 아동을 보호하고 적절히 중재하는 것이 아니라, 될 수 있으면 분쟁을 덮고 학교의 피해를 줄이려는 모습을 보이기도 한다. 학폭위로 넘어가면 모두가 힘들어지니 상황을 복잡하게 만들지 말라는 뉘앙스의 이야기를 하면서 피해 학생과 보호자에게 화해를 강요하기도 한다. 이 과정에서 피해 아동은 상처를 받고 사건은 더 복잡해진다. 실제로 국회 교육위원회 소속 박찬대 위원이 교육부에서 받은 자료를 보면, 2015년부터 2019년까지 총 65명의 교원이 학교폭력을 부적절하게 처리해 징계를 받았으며, 이 중 16명은 사건을 은폐하려다가 징계를 받았다.

학폭위가 열리더라도 피해자 부모 중 상당수는 학교폭력 가해자에 대한 처벌 절차를 제대로 알지 못한다. 이 과정에서 분위기에 휩쓸려 충분한 고민 없이 합의하고 사건이 종결돼버리기도 한다. 따라서 피해 아동을 보호하고 재발을 방지하기 위해 부모는 가해 학생에 대한 징계·처분 절차를 이해할 필요가 있다. 또한 사건의 처리 과정을 피해 아동과 충분히 공유하고 논의해, 피해 아동의 의사가 처분 과정에 반영될 수 있도록 귀를 기울여야 한다.

학교폭력을 경험한 많은 아동은 장·단기간의 정신적 문제에 시달릴 수 있다. 사건이 종결된 이후 정신적 후유증을 최소화하기 위한 원칙들은 다음과 같다. 첫째, 아이의 행동과 마음을 주의 깊게 살피고 필요하면 전문가와 상의해 평가와 치료를 받도록 한다. 둘째, 사건 재발 방지를 위한 노력 역시 중요하다. 아이의 학교 생활에 지속적으로 관심을 가지고 정기적으로 대화하며, 추가 피해 여부를 확인한다. 아이의 특성이 학교폭력의 타깃이 되는 원인이라면, 상담과 치료를 통해 근본 원인을 해결하기 위해 노력한다. 셋째, 학교폭

1. 학교폭력이 발생하면 '학교폭력예방 및 대책에 관한 법률'에 의한 처벌을 받는다. 처벌 기준은 ① 학교폭력의 심각성·지속성·고의성 ② 가해 학생의 반성 정도 ③ 가해 학생의 선별 의도 가능성 ④ 가해-피해 학생 간의 화해 여부 ⑤ 피해 학생의 장애 여부다.

2. 학교폭력이 발생하면 학교의 교감, 담임, 생활지도 교사가 주축이 된 '학교폭력전담기구'가 사안을 조사하고 학폭위 개최 여부를 결정한다. 사건이 경미하며 화해가 이루어지면, 학폭위는 열리지 않는다. 학폭위에는 학부모, 학교 전담 경찰, 교사 등이 참여한다.

3. 학교폭력의 정도에 따라 1호부터 9호까지 처분이 이루어진다. (1호 서면 사과, 2호 접촉, 협박, 보복 행위 금지, 3호 교내 봉사, 4호 사회봉사, 5호 특별교육 이수 또는 심리치료, 6호 출석 정지, 7호 학급 교체, 8호 전학, 9호 퇴학.)

4. 가해 학생과 부모가 가장 민감하게 여기는 처벌은 학교 생활 기록부의 기재다. 경미한 조치는 졸업과 동시에 삭제되나, 출석 정지나 전학 등은 졸업 2년 후까지도 기록이 유지될 수 있으며, 9호 퇴학 처분은 삭제 없이 보존된다.

5. 학교폭력의 피해가 심각하면 소년법상의 보호 처분, 형법상의 형사 처벌로 이어질 수 있다. 이때는 가해자의 연령에 따라 처분이 달라지고, 10세 미만은 보호 처분과 형사 처벌의 대상이 되지 않으며, 10세 이상 14세 미만은 보호 처분만 받을 수 있고, 14세 이상은 둘 다 받을 수 있다.

력 처리 과정은 부모에게도 무척 고통스러운 과정이다. 부모에게도 심리적 치료가 필요할 수 있다.

이 글을 쓰면서 진료실에서 만났던 학교폭력 피해 아동과 부모들이 떠올랐다. 대개 학교폭력의 피해가 심한 아이들이 병원으로 오므로, 의사 역시 분노, 좌절, 소진을 경험한다. 이 기억이 되살아나면서 여러 번 격앙되기도 했다. 참고로 이 글에 나오는 혜민, 지성, 민아는 모두 가상의 사례다. 비슷한 경험을 한 아이들이 떠올라 여러 번 세부 사항을 바꾸었다. 오해가 없었으면 한다.

아이들은 무균실에서 자라는 것이 아니다. 자연스럽게 크고 작은 공격과 피해를 주고받으며 성장한다. 웬만한 피해는 스스로 이겨내며, 병원에 올 정도로 큰 피해를 입었더라도 주변의 지원을 받으며 대부분은 극복해낸다. 확실히 아이들은 어른보다 유연하다.

아이의 변화에 주의를 기울이고 적절히 개입하는 것만큼, 믿음을 주고 지켜보는 것도 중요하다. 이 쉽지 않은 균형을 맞추는 것이 부모의 영원한 숙제다. 아이와 부모의 건투를 빈다.

8장

가장 소중한 건 나라는 존재

행복의 필요충분조건

송지혜

친구와 어울리지 못하는 아이를 바라보는 부모의 마음

아무도 나랑 놀아주지 않아. 나는 친구가 없어. 학교 가면 누구랑 밥 먹을지 고민이야. 나는 왕따인가봐. 친구가 없어도 괜찮아, 근데, 학교는 가기 싫어.

이렇게 가슴 철렁한 고백이 또 있을까 싶다. 말도 못하고 울기만 하던 신생아를 고이고이 길러서 이만하면 제 몫을 하는 어엿한 사람이 되었다며 흐뭇한 마음으로 세상에 내보낸다. 우리 아이가 얼마나 좋은 인연을 만나고 그들과 즐거운 경험을 나눌 것인가 하는 기대로 설레기도 한다. 하지만 안타깝게도 현실은 갤럭시익스프레스를 타고 우주 멀리 말머리성운쯤에 도착해 있다. 물론 아예 예상을 못했던 것은 아니다. 생후 4개월에 눈맞춤이 너무 짧을 때부터, 또 개월 수가 늘어가는데도 뭔가 석연치 않은 주변에 대한 관심과 놀이 방법 때문에 걱정스러웠다. 문화센터에 다닐 때부터는 스산한 기운이 형태를 갖추고 나타났다. 다른 집 아이들은 곧잘 선생님이 이끄는 대로 율동을 하고 공놀이도 하는데 우리 아이는 멀리서 지켜보기만 한 채 주변을 서성거리고 복도로 나가려고만 한다. 까르르 웃으며 손도장 찍는 아이들과는 다르게 숨 넘어갈 듯 울며 집에 가자고 부모를 조른다. 핵인싸로 놀고 있는 여느 집 아이들과는 달리 확실히 어느 역에서인가 다른 기차를 탄 것이다. 좀 지는 느낌이지만 엄마 아빠 친구들의 자녀를 섭외하고, 놀이터를 투어하고, 친척 애들과 놀게 하고, 어떻게든 또래 집단을 만들어주며 소위 '사회성'을 키우려는 노력이 시작된다. 용하다는 병원에서 검사도 받고 비가 오든 눈이 오든 매주 놀이치료, 인지치료, 집단치료까지 몇 년간이나 지속했지만, 경제적인 비용은 고려하지 않더라도 부모의 창대한 노력에 대한 결과가 너무나 초라하다. 설마설마하기는 했다. "어릴 때 열심히 치료하면 좋아지기도 한다, 다만 확실한 건 아니다"라는 선생님의 말을 긍정적으로 새기며 달려왔지만 결국 무엇을 위해 아이를 데리고 그렇게 힘들게 치료실이며 병원이며 다닌 건가 싶다. 놀이터에서도 또래들과는 섞이지 못한 채 자기보다 두서너 살 어린 아이들하고만 놀며, 그 동생들이 크고 나면 다시 그 나이대

아이들이 사회를 만날 때

아이들을 찾아 대장 노릇을 하는 아이를 보면 그야말로 마음이 무너진다. 담임 선생님 면담에서는 반 친구들과 어울리지 못한 채 따로 놀고 행동이 느리다는 피드백이 반복되어 더 이상은 학교 상담도 가고 싶지 않다. 그나마 어울리지 못하는 선에서 그치면 감사한 일이고, 한 번씩 아이들과 싸우거나 문제를 일으키면 대체 뭘 어떻게 해야 하는지 캄캄하고 답답하다. 이렇게 어울리지 못하는 아이를 어떻게 하면 좋을지, 이것이 정녕 나아지기는 할 것인지, 언제까지 아이의 친구 관계 치다꺼리를 해야 하는지, 나아가 우리 아이가 사회의 일원이 될 수는 있을 것인지 등등 태산과 같은 걱정이 밀려온다.

'모난 돌이 정 맞는다'는 말처럼 우리 사회는 튀는 것을 꺼린다. 핵인싸는 아니더라도 인싸가 되어 아이들 속에서 무난하게 녹아들기를 바란다. 나 역시 내 아이들이 그래주면 좋겠다고 생각한다. 나를 위해서 그리고 무엇보다 아이들 자신을 위해서 하는 말이다. 리더가 되는 것은 바라지도 않는다. 그저 남들 하는 평균치만큼만 해서 크게 눈에 띄지 않고 둥글둥글하게 살아줬으면 하는 바람이다. 운이 좋아 평생 갈 단짝까지 만들면 더 좋겠지만 그게 아니더라도 그냥 보통의 아이이기를 원한다. 하지만 현실은 베트남 고추 맛이다. 이만큼이나 맵고 알싸할 수가 없다. 유치원 때부터 친구가 없었다. 어느 날 유치원에 갔는데 우리 애는 의자 밑에 혼자 웅크려 누워 있었고 집에서는 입이 아프게 재잘거리던 아이를 두고 유치원 선생님들은 말을 못하는 거 아니냐고 걱정스레 물어보셨다. 누구랑 친하냐는 물음에 친구가 없다면서 꼭 유치원에 가야 하느냐고 싫은 티를 있는 대로 내며 등원길에 올랐다. 학교에 가면 좀 나아지려나 했지만 그런 해피엔딩은 없었다. 급식은 맛있어하지만 친구는 없고 선생님은 나한테 혹시 자녀랑 관계가 좋지 않냐고 물어온다. 한 대 얻어맞은 느낌이다. 선생님한테 큰소리로 "저 진짜 노력하고 애랑 잘 지내거든요!"라고 말하고 싶었지만 선생님이 무슨 죄인가 싶다. 사차원에, 어울리지 못하는 아이는 남들 눈에 엄마와 애착관계가 좋지 못한 것처럼 비치겠지 하고 넘어간다. 학령기의 '사회성'이 지상과제처럼 되어 있는 환경에서 내 뜻대로 혹은 사회에서 원하는 대로 되지 않는 아이를 지켜봐야 하는 것은 괴로움을 넘어서서 고문을 받는 기분일 때가 많다.

걱정은 온갖 방향에서 치고 들어온다. 이 아이가 과연 친구를 사귈 수 있을까, 학교에 가면 얼마나 외로울까, 진짜 내 잘못은 없나, 뭘 해줘야 하지, 사회생활은 잘할 수 있을까, 직장은? 결혼은? 끝도 없이 밀고 들어오는 생각은 결국 아이를 다그치게 만든다. 친구 관계를 점검하고 이렇게 해라 저렇게 해라, 끊임없이 학교 생활에 대한 간섭을 한다. 아이는 점점 자신이 이상하다는 확신을 갖게 돼 주눅 들고 입을 더 꾹 닫는다. 그런 아이를 보면 또 화가 나고 자기보다 어린 애들과만 어울리는 것을 보면 걱정을 넘어 슬픔이 자라난다.

아이들이 사회를 만날 때

'인싸'와 '핵인싸'가 난무하는 세상에서 덩그러니 남겨진 내 아이를 생각하면 해결할 수 없는 감정이 폭풍처럼 몰아치고 부모의 분노와 슬픔은 아이를 과녁으로 삼은 화살이 된다. 꼭 다그치고 야단치지 않더라도 부모들의 걱정은 부드러운 억압이 되어 사랑하는 아들딸로 하여금 자신에게 문제가 있다는 생각을 하도록 만든다.

오늘은 누구랑 놀았어? 밥은 누구랑 먹었어? 선생님이 뭐라셔? 친구는 없어? 이렇게 하면 안 되고 저렇게 하면 안 돼. 그럴 때는 이렇게 했어야지.

걱정스럽고 초조한 눈빛으로 자신에게 질문을 던지는 부모에게 아이들은 입을 꾹 닫는다. 아니 어쩌면 처음부터 유치원이나 학교에서 있었던 일에 대해 한마디도 하지 않았을 가능성이 높다. 고작 하는 말은 유치원 가기 싫다, 학교 가기 싫다 정도가 전부다.

한국 사회가 아이들에게 요구하는 사회성

한국 사회는 '사회성'에 대한 요구가 창대하다. 정말로 어마어마하다. 아직은 친구라는 것에 크게 관심 없을 만 2세에도 부모들은 우리 아이가 사회성이 좋지 않다며 걱정한다.

가장 소중한 건 나라는 존재

많은 아이는 크면서 자연스럽게 친구들을 사귀면서 각자의 깜냥에 맞는 관계를 만들어가고 부모의 불안은 사회성에서 공부로 자연스럽게 수평이동한다. 이제 친구가 아니라 공부가 걱정 리스트의 꼭대기를 차지하게 되고 일반적인 '사회성'보다는 '리더 자질'에 관심을 기울인다. 대다수의 아이와 부모들이 이런 발달과정의 레일을 타고 가지만 우리는 안타깝게도 같은 기차를 타면서도 비슷한 풍경을 누릴 수 없다. 사회성 역에 정차한 열차는 떠나지 못한 채 걱정을 넘어 슬픔과 분노와 체념의 미로 속에 우리를 던진다.

한국 사회에서 사회성이라는 것이 언제부터 중요한 문제로 대두되었는가 생각해보면 그리 오래된 것 같지는 않다. 인간관계가 원만하다 혹은 원만하지 못하다 정도로 여겨지던 특성들이 사회성이라는 전문적이고 특별하며 중요한 덕목으로 스포트라이트를 받게된 것은 2000년대경으로 여겨진다. 1980년대부터 1990년대 초반까지만 해도 왕따라는 단어는 없었고 간간이 따돌림 당한다 정도의 서술적인 표현만 있었다.

갑자기 사회성이 부족한 아이들이 늘어난 것일까? 사회성은 생물학적 요인이 큰 부분을 차지하기 때문에 급작스러운 진화 혹은 변이가 일어나지 않는 한 집단 전체에서 사회성에 어려움을 겪는 인구의 비율은 변함이 없다. 수렵사회에서 농경사회, 산업사회로 인류의 역사가 발전하면서 요구하는 능력의 요소가 변하듯 자연스럽게 사회성의 중요성에 대한 인식이 높아진 듯하다. 먹고사는 일이 당면 과제였던 시절에는 근면, 성실, 노동의 중요성이 단연 돋보였다. 사회성은 배부른 사람들이 학문적으로 논하는 주제였지 아이들을 키우면서 고려할 덕목은 아니었다. 형제도 둘 이상은 있었고 학교에 가면 한 반에 학생 수가 60명이 넘었다. 집 밖에 나가면 언제든 어울릴 친구들이 넘쳐났고 부모는 힘든 시절을 넘어가느라 내 아이의 친구 관계까지 챙길 여유가 없었다. 조금 튀는 성향이 있거나 무리 사이에서 겉돌아도 조부모님이 주장하는 '크면 괜찮아진다'는 근거 없는 믿음 속에 한순간 왔다 사라지는 걱정이었지, 내내 고민하게 만드는 문제는 아니었다. 학교에서도 한 반에 학생이 너무 많았기 때문에 크게 비행을 저지르지 않는 한 주목받지 않았고 그저 조용한 아이로 남겨질 수 있었다. 게다가 60명 중 어울리지 못하는 아이가 두셋은 있었으니 그들끼리 모여 있으면 그 또한 하나의 집단이 되었다.

경제가 발전하고 소득이 증가하며 삶의 질이 좋아지고 가족 구조가 변하면서 한국 사회에서 출산율은 급격히 감소했고 아동의 수역시 줄었다. 4인 가족보다 3인 가족이 늘었고 부모는 맞벌이인 집도 많아졌으며, 학급의 아동 수는 20여 명까지 감소했다. 대가족, 마을 사람들, 동네 친구들과 살을 맞대던 교류에서 스마트폰과 컴퓨터 기반의 사회관계망 서비스를 통한 친구 사귀기로 눈 돌아갈 만큼 빠른 전환이 이루어졌다. 이제는 남들과 결이 다른 아이가 다수의 그림자 속에 숨기 어려운 세상이 된 것이다. 세심하고 살뜰한 선

가장 소중한 건 나라는 존재

생님들의 보살핌은 내 아이가 여느 아이와 다르다는 것을 빠르게 집어낼 수 있는 환경을 만들어주었고 20명 남짓한 반에서 어울리 못하는 아이는 홀로 남을 수밖에 없다. 게다가 이런 사실이 SNS를 타고 일파만파 퍼져서 그 아이를 모르는 다른 학교 학생들도 아이가 왕따라는 사실을 알게 된다. 아이의 포스팅에 아무도 댓글을 달지 않고 좋아요도 눌러주지 않는다는 사실은 외톨이임을 극명하게 드러내준다. 더 이상 사회관계망이 아닌 가슴 아픈 개인관계망 서비스가 되어버렸다. 다른 애들은 카톡으로 밤새는 줄 모른다는데 우리 애는 카톡으로 아무리 다른 애들에게 말을 걸어도 답이 돌아오지 않고, 스마트폰은 그저 유튜브 시청이나 게임으로 즐거움을 선사하는 충실한 기계 친구가 되어준다.

아이들에게 요구하는 사회성이 정당할까

사회성이 부족하면 사는 일이 쉽지 않다. 친구를 사귀는 것도 어렵고 집단에서 역할을 맡아 제 기능을 하는 데도 한계가 있다. 그렇더라도 우리는 아이들에게 너무 거대한 사회성을 요구하고 있는 것은 아닌가 돌아봐야 한다. 어른이 되어 좋은 것은 편식해도 혼나지 않고 싫은 사람은 안 만날 방법을 강구할 수 있다는 것이다. 학교 다닐 때는 선택의 기회라는 것이 없었다. 학교가 싫어도 그만두

아이들이 사회를 만날 때

고 나가기에는 너무 많은 두려움이 뒤따랐다. 힘들어도 어려워도 울지 않고 씩씩하게 다닐 수밖에 없었다. 같은 반에 죽도록 싫은 애가 있어도 반을 옮길 수 없었고 같은 반 아이가 나에게 장난을 거는 게 싫어서 이야기하면 나만 속 좁은 사람이 되었다. 다른 아이들은 다 장난으로 넘기는데 나만 그걸 참지 못하고 예민하게 유난 떠는 아이로 낙인찍혔다. 아무리 생각해봐도 부당한 대접이다. 어른들은 싫은 친구와 인연을 끊기도 하고 회사에서 너무 안 맞는 사람이 있으면 부서 이동을 요청하거나 이도 저도 어려우면 회사를 옮기기도 한다. 예의 없는 사람에겐 상황이 허락하는 한에서 철퇴를 내리기도 한다. 인터넷 카페에 올라오는 이상한 인간 군상에 대한 호소 글에 달린 댓글에선 아무도 힘들어하는 사람을 예민한 성격으로 몰지 않는다. 그러니 왜 유독 우리 아이들에게만 바다와 같은 이해심을 요구하는 것인지 돌아봐야 한다. 원래 예의 없는 사람이니까, 다른 사람에게도 거칠게 대하니까 참으라고 충고하는 말을 어른들끼리 하면 공감능력 제로인 사람 취급을 받기 쉽다. 반면 우리는 아이들에게 원래 장난기가 많은 아이니까, 다른 아이한테도 그러니까 이해해야 한다는 말을 아무렇지 않게 한다. 어른들은 서로 예의를 갖춰야 하지만 아이들은 사회성이라는 명목으로 다른 아이의 예의 없음을 끌어안아야 한다는 어처구니없는 논리로 받아들여진다. 물론 우리 아이가 유독 예민하고 날카로우며 못 참는 것일 수도 있다. 그렇다고 이유 없이 화내고 다른 아이를 미워하며 울고 떼쓰는 것

가장 소중한 건 나라는 존재

은 아니다. 아이들이 호소하는 것에 귀를 귀울이고 가능한 범위 안에서 편안한 환경을 만들어주는 것이 필요하다. 특히 학교라는 어쩔 수 없는 과정을 선택권 없이 통과해야 하는 연령대의 아이들을 위해서는 어른들의 배려가 필수다.

적응하지 못하고 어울리지 못하는 아이에게 계속 바뀌라고 요구하는 것은 아무런 의미가 없다. 무의미를 넘어서 아이의 자존감에 악영향을 끼친다. 사회성과 자존감은 별개다. 사회성이 좋지 않다고 해서 자존감이 낮은 것은 아니다. 그러나 사회성이 좋지 않은 것에 대해 계속해서 부정적인 피드백을 받으면 자존감 역시 하락한다. 네가 이상하고 적응하지 못해서가 아니라 우리 모두가 양보해야 하는 문제임을 깨달아야 한다. 너도나도 우리 모두 이상한 사람들이다. 사회성을 점수로 환산해서 100명을 한 줄로 세웠을 때 1번과 100번은 큰 차이가 있겠지만 1번과 2번은 아무 차이가 없고 마찬가지로 2번과 3번도 아무 차이가 없다. 우리는 1번과 100번이 모여 사는 것이 아니라 그 순위 안에서 무작위로 모여 산다. 다를 뿐 아무도 틀리지 않았다. 조금 극단적으로 말하자면 1등은 2등에게 감사하고 2등은 3등에게 감사해야 할 일이니 서로 존중하는 것이 마땅하다.

사회성이 부족한 아이들의 미래, 정말 어두울까

학교에 다닐 때는 사실 많이 힘들 수밖에 없다. 집단에서 사람들의 이해관계를 조율하면서 친구를 만들어가는 것은 성인들에게도 때로 미션 임파서블처럼 여겨지는데 사회성이 부족한 우리 아이들에게는 말할 것도 없다. 사회성만 문제라면 어떻게 해볼 텐데 사회성이라는 것이 뇌의 여러 부분과 닿아 있는 모양이라 감정 조절도 좀 어렵고, 산만하기도 한 데다, 이해력이 떨어지며 종종 미숙하기도 하다. 공부라도 잘해주면 큰 위로가 될 텐데 이것도 원하는 대로 되지는 않는다. ADHD가 있으면 차라리 낫다. 치료를 하면 집중력이 좋아지고 산만함도 개선되어서 학습이 쉬워지며 친구 관계가 좋아진다. 우울증이나 불안증이 있어서 사회성이 낮은 것도 괜찮다. 역시 개입해서 개선시킬 여지가 있다. 그런데 문제 하나 없는데 적응을 못하고 친구 관계가 어렵거나, 자폐스펙트럼장애처럼 진단을 받더라도 치료가 더딘 병이 있으면 이게 참 어렵다. 그러면 어두운 동굴 같은 미래만 펼쳐지는 것일까. 임상 경험으로 미루어보면 꼭 그렇지는 않다.

긴 시간 동안 아이들을 봐오면서 유치원 때 만난 아이가 벌써 고등학생이 되기도 하고 초등학생 때 만났던 아이들이 대학생이 되어 찾아오기도 한다. 한껏 어둡고 초췌했던 얼굴들은 어느샌가 활짝 피어 있고 스스로 만족하지는 않아도 여러 관계 속에서 이런저런 고민을 하는 평범한 청년들이 되어 있다. 친구가 많진 않지만 마음 맞는 소수의 친구들과 그룹을 형성하기도 하고 놀랍게는 핵인싸가 되어 있는 아이도 있었다. 아동기에 만났을 때는 나 역시 걱정되었던 아이들이 착실하게 커나가고 있는 것을 보면 대견하고 내가 알고 있는 것이 빙산의 일각임을 깨닫게 된다. 그래서 진료 중에 아이의 미래에 대해 묻는 부모님들에게는 죄송하지만 저도 잘 모른다는 말밖에 할 수 없을 때가 많다.

"저도 모르겠어요. 어떤 아이는 가망이 없어 보였는데도 너무 잘 해나가고 어떤 아이는 조금만 하면 껍질을 깰 수 있을 것 같았는데 영영 깨지지 않았어요. 제가 추측하는 바는 부모님이 아이를 좀더 받아주고 인정해주시면 더 나은 미래가 오지 않을까 하는 거예요. 안 되는 사회성을 그만 걱정하시고 아이를 있는 그대로 바라보고 인정해주시면 어떨까요."

언뜻 무책임해 보이는 이런 식의 조언을 할 수밖에 없었다. 확실한 것은 이렇게 해주는 부모님과 사는 아이들은 친구가 없어서 외로울지언정 자신이 부정당해서 외롭지는 않다는 점이다. 밖에서 상처받고 터지고 힘들어도 집에 들어가면 세상 내 편인 가족들이 있다는 게 꽤 든든해서 자아가 튼튼해진다. 혼자 밥도 먹을 수 있고 쇼핑도 하고 여기저기 놀러도 다니고 가고 싶은 곳에 갈 수도 있다. 남 눈치 보지 않고 나 하고 싶은 대로 살 수 있는 자유를 획득할 기회를 갖는다. 외롭지만 외롭지 않은 '나'를 만든다.

부모는 아이의 힘

경찬이는 초등학교 때부터 나와 만났다. 경찬이의 첫인상은 너무 산만하고 정신이 없었다. 심지어 첫 진료에서 신발을 신고 내 책상 위로 올라가서 몹시 당황스러웠다. 부모님은 산만함보다는 경찬이가 다른 사람의 마음을 너무 모르고 이기적인 것이 걱정이라고 하셨다. 경찬이의 진단명은 ADHD와 자폐스펙트럼장애였다. 처음으로 진단에 대해 설명드렸을 때 부모님의 반응이 잊히지 않는다. 부모님은 경찬이가 이기적인 아이가 아니라 병 때문에 그렇다는 것에 안도하셨고 다른 한편으로는 진단명에 슬퍼하고 절망하셨다. 그때부터 경찬이 아빠는 주말이면 반드시 아이와 함께했다. 주로 산에 가서 경찬이가 관심 있어 하는 벌레를 채집하고 관찰하는 데 많은 시간을 보냈고 경찬이가 하는 말들에 귀를 기울였다. 초등학교, 중학교, 고등학교 때 크고 작은 사건들을 거치면서 함께 울고 웃었다. 아빠가 모든 주말을 경찬이와 보내서인지는 모르겠지만 경찬이는 학교에서 친구가 없어도 그리 힘들어하지 않고 열심히 공부하면서 사춘기를 보냈고 지금은 대학생이 되었다. 여전히 경찬이와 대화하고 있자면 어딘가 안드로메다로 가는 기분이지만, 그래도 이 녀석이 이렇게 성장한 것을 보고 있으면 경찬이의 부모님께 경외감이 절로 든다.

어쨌든 친구가 없는 아이들은 외롭다. 시간을 채울 것이 필요하

가장 소중한 건 나라는 존재

다. 감사하게도 스스로가 즐길 거리를 찾아온다면 걱정이 없다. 웹툰, 웹소설, 애니메이션, 책, 음악, 그림, 뭐라도 좋다. 즐거운 활동이 있어야 한다. 아이가 스스로 찾지 못한다면 부모님이 도와줘야 한다. 안타깝게도 어떤 것에도 재미를 느끼지 못한 채 게임과 유튜브만 고집하는 아이들이 있다. 그럴 땐 부모님이 게임을 배우시길 권한다. 아이와 함께 게임을 하면 취미활동, 인간관계, 부모 애착 모두 챙길 수 있다. 일석삼조이다. 혼자 게임을 하도록 내버려두면 점점 길어지는 게임 시간을 조절하기 어렵고 온라인상에서 걱정스러운 인간관계를 맺거나, 예기치 않은 사건에 휘말릴 가능성이 있다. 아빠나 엄마가 게임을 같이 해주면 이런 어려움이 일정 부분 해소될 수 있다.

덕질과 끼리끼리의 힘

은지는 중학교 2학년 때 처음 찾아왔다. 아이는 2학년 말부터 점점 학교에 가기 힘들어하다가 3학년 때는 결석 일수를 거의 다 꽉 채웠다. 학교를 가려 해도 아침에 일어나면 몸이 꿈쩍하지 않았다. 학교에 가지 않아도 은지를 찾는 친구는 없었다. 초등학교 때는 그나마 이야기하고 지내는 아이라도 있었는데 중학생이 되어서는 곁에 아무도 없었다. 급식도 혼자 먹었고 체험학습 장소도 혼자 갔다.

엎드려서 자고 있어도 아무도 이동 수업 시간에 깨워주지 않았다. 왕따도 은따도 아닌 것 같은데 친구가 없다. 자기도 다른 아이들한 테 관심이 없으니 괜찮다고 생각했지만 사실은 외로웠던 모양이다. 1학년, 2학년 때는 공부도 하려 하고 학교도 잘 나갔지만 2학년 말 부터는 힘이 빠지고 매일같이 두통을 앓았다. 딱히 가정에 문제가 있는 것도 아니고 부모님이 공부하라고 닦달하는 것도 아니다. 부 모님 사이도 적당하며 은지에 대한 관심도 많다. 은지도 사랑받는 다고 느낀다. 은지는 친구들이랑 친해지고 싶지만 어떻게 해야 할 지 모르겠다고 했다. 어떻게 다가가야 할지 모르겠고 작은 일에도 눈치가 보여서 결국은 가만있게 된다고 털어놨다. 아이들이 관심 있어하는 아이돌에도 도무지 관심이 생기지 않아 할 이야기가 없었 다. 학교에 결석하는 일이 많아지자 부모님이 걱정하시면서 병원에 데려왔지만 약도 효과를 내지 못했다. 다만 병원 상담 시간에 나랑 좋아하는 게임에 대해 떠드는 것을 즐겼다. 다른 아이들이 즐기는 대중적인 장르의 게임이 아니라서 친구들과 나누지 못하는 이야기 를 문외한인 나를 상대로 풀어놓았고 조금씩 오프라인 게임기들을 찾아다니기 시작했다. 오프라인에서 가끔 만나는 동생들이나 언니 오빠들과 은지가 하는 게임 이야기를 하는 것이 즐거웠다고 한다. 다른 공통의 관심사는 없었지만 업데이트되는 게임을 함께 하는 것 만으로도 충분히 즐거웠고 의사소통이 되는 느낌이었다고 한다. 은 지는 고등학교에 올라가면서 점점 나를 찾아오는 횟수가 줄었고 학

가장 소중한 건 나라는 존재

교에 잘 나가게 되었다. 마지막으로 은지를 만났을 때 여전히 친한 친구는 없었지만 이전만큼 힘들어하지는 않았다.

민수와 정기와 원재는 친구 사이다. 세 명 모두 정확한 검사를 받지는 않았지만 임상적으로 비언어성학습장애에 속하는 사회성에 어려움을 겪는 청년들이다. 갓 스물을 넘긴 이들은 인터넷 동호회에서 만나 친구가 되었다. 고등학생 때까지는 친구다운 친구를 사귀지 못했지만 지금은 셋이서 절친이다. 다른 사람들과 이야기할 때는 뭔가 삐걱거리고 어렵지만 서로는 말도 잘 통하고 딱히 서운한 게 없다. 남들은 끼리끼리라고 할지 모르지만 이들이 보기에는 너희도 끼리끼리라 웃긴다. 다른 사람들은 여태까지 이해해주지 못했던 지점들을 이들 셋이서는 묘하게 짚어준다. 실없는 개그 코드도 잘 맞고 느슨하게 연락하고 만나도 싸우지 않는다. 그저 그러려니 한다.

사회성이 좋으면 걱정이 없을까

사회성이 좋은 아이들은 걱정할 일이 없을까? 친구도 잘 만들고 여기저기 잘 어울리고 밝은 아이들은 아무런 문제가 없을까? 사회성이 좋다는 것은 집단에서 나에게 요구하는 것을 민감하게 알아차리고 그것에 맞게 행동함을 의미한다. 집단 내의 역학관계에서 스트레스를 받거나 하기 싫은 일이 있어도 타인의 눈치를 보면서 순응하는 능력이 뛰어나다는 것으로 해석할 수 있다. 극단적인 아이는 친구들과 함께 하는 것은 잘하지만 혼자서는 아무것도 못하기도 한다. 집단에서 밀려나는 데 극심한 스트레스를 받아서 혼자 있고 싶어도 그러지 못하고 SNS에 매몰되어 친구 관리를 하는 아이들도 있다. 집단에서는 기능하지만 혼자를 견디지 못하는 개인이 되는 것이다. 이런 아이들의 가장 큰 어려움은 누구도 이 아이들이 힘들 것이라고 예상하지 못한다는 점이다. 사실은 타인의 요구에 반응하느라 자신을 점점 소홀히 대하게 되는데도 부모나 친구, 나아가 자기 자신조차 그런 사실을 눈치채지 못한다. 이런 부작용의 결과는 학교를 졸업하고 어른이 된 후에 나타난다. 친구들이 점점 각자의 길을 걸어가면서 밀려오는 서운함과 사무치는 외로움을 마주해야 한다.

그렇다고 사회성이 좋은 것이 나쁘냐 하면 그건 아니다. 금상첨화라고 좋은 게 좋은 거니 나쁠 것이 없다. 다만 누구라도 걱정은 있다는 점을 강조하려는 것이다. 이 집은 이래서, 저 집은 저래서 걱정이다. 그냥 우리 집 애는 이런 점이 어려운 것이지 그게 하늘이 무너질 일은 아니다.

학교를 대하는 우리의 자세

학교는 정말 어려운 문제다. 사회성이 좋지 않은 아이들 중 많은 수가 학교를 싫어하고 거부하며 심지어는 무서워한다. 애처롭게 자퇴하고 싶다고 호소하는 아이들을 보면 차마 계속 다니라는 말이 나오지 않는다. 저렇게 힘들어하는데 굳이 학교를 마치라고 종용해야 하는가에 대한 고민들이 스멀스멀 올라온다.

학교는 정글이며 아이들은 천사가 아니다. 때로는 그렇게 잔혹할 수가 없다. 어린아이들은 너무 솔직해서 잔인하고, 청소년들은 의도적으로 의뭉스럽게 괴롭힌다. 대부분의 아이는 선량하고 성실해서 자기 일에 몰두하니 힘든 친구들을 도와줄 만한 여유가 없다. 아직은 누구를 도와줄 그릇으로 성장하지 않았기 때문에 어른들이 그것을 요구해서도 안 된다. 그런 까닭에 우리 아이들이 아침부터 늦은 오후까지 혼자 학교에서 버틸 생각을 하면 얼마나 어려울지 상상조차 하기 힘들다. 그렇다고 학교를 관두고 집에 있으면 어떻게 지낼지 너무나 확연해 아이들의 호소에 섣불리 동참해주기도 어렵다. 가능한 한 환경적인 스트레스를 덜어주는 방향으로 학교 생활을 계속하도록 조언하기는 한다.

자퇴하면서 자퇴 이후를 걱정하지 않는 아이는 없다. 오히려 그 걱정이 너무 커서 계속 상처받으면서도 학교를 고집하는 아이도 있다. 부모님은 대부분 마지막까지 학교를 떠나는 것에 동의하지 않는다. 지금도 친구가 없는데 학교를 떠나면 완전히 외톨이가 될 것 같아 염려하는 부모님 입장에서는 당연한 결정이지만, 가끔은 지금 학교를 그만두지 않으면 미래가 영영 없을 것 같은 불안이 느껴지는 아이들도 있다.

위로하자면, 사회성이 떨어지는 아이들에게 학교는 스트레스일 뿐 사회성이 좋아지는 데 거의 아무런 역할을 하지 못한다. 학교는 사회성이 좋은 아이들 그리고 좋고 나쁨의 경계에 있는 아이들에게는 즐겁고 도움이 되는 곳이지만 친구를 사귀는 데 실패만 경험한 아이들에게는 고통의 장소일 뿐이다. 공부를 잘하면 성취감으로라도 다니겠지만 이도 저도 아니면 과감하고 쿨한 결정이 모두에게 도움이 될 수 있다. 학교 안에서 끊임없이 자신의 모자람과 힘든 부분을 날것으로 마주하면서 고통스러워하는 것은 아무 의미가 없다. 그럼에도 불구하고 아이조차 불확실한 미래가 불안해서 학교를 그만두지 못한다면 선생님과 상의해서 조금 편안한 환경을 만들 수 있도록 노력하는 것이 최선이다. 가정학습을 최대한 활용하고 조퇴와 결석을 끝까지 사용해도 선생님께 부정적인 피드백을 받지 않으며 부모님의 한숨 소리를 듣지 않을 수 있도록 말이다.

어떻든 괜찮다

이렇게 해보고 저렇게 해봐도 아이가 친구 한 명 없이 적응하지 못하는 것을 보면 가슴이 쓰라린 것은 어쩔 수 없다. 그럴 땐 마법 같은 주문을 마음속으로 외운다.

'설마 스무 살 때도 저러겠어.'

물론 스무 살 때도 그럴 수 있지만 그건 그때의 나와 아이가 해결할 일이니 넘겨버리기로 한다. 지금의 시간을 견디기도 어려운데 10년 후까지 걱정하기에는 힘이 달린다. 어쩌면 그때가 되면 좀 나아질지도 모른다. 근거 없는 긍정적인 미래를 기약해보기로 하고 일단 오로지 현재에만 에너지를 쏟기로 한다. 친구가 없는 내 아이를 위해 내가 친구가 되어주어야 한다. 보드게임도 해줘야 하고 정말 재미없는 만화영화도 같이 봐줘야 하며 덕질에 참여도 해야 한다. 도무지 왜 재미있는지 이해할 수 없는 기차 분류도 하고 고양이 털 알레르기를 참으면서 고양이 카페에 가야 한다. 왜 저런 이야기를 하는지 알 수 없는 아이의 수다에도 귀를 기울이고 대꾸해줘야 한다. 그 와중에 공부도 시켜야 하고 수행도 챙겨줘야 한다. 뭐 하나 내 손이 닿지 않고 해결되는 것은 없다. '왜 나는 친구가 없냐'는 하소연에 '네가 그러니까 없지'라는 말을 목구멍으로 꾹 삼키며 달래줘야 하고 학기 초마다 선생님이 걱정스럽고 친절하게 말해주는, 이미 다 알고 있는 아이의 부정적인 측면을 처음 듣는 사람처럼 경청

해야 한다. 다른 학부모들과의 모임에도 가고 싶진 않지만 참여해야 하고 때로는 속없는 사람처럼 내 아이의 어려운 점을 공개하고 도움을 요청하기도 해야 한다. 쓰다. 입맛이 쓰다. 언제까지 쓸지 기약도 없어서 더 쓰다. 그러나 멀리 보자. 인생은 길다. 아동기, 학령기에 내 아이가 좀 느리다고 삼십대, 사십대가 되어서도 느리라는 법은 없다. 오히려 답답한 학교를 마치고 나면 날개를 다는 아이도 많다. 우울과 불안을 끊임없이 호소하고 힘들어하던 아이들이 고등학교를 졸업하고는 완전히 다른 표정으로 나타날 때가 종종 있다. 집단인 학교 생활에서는 몹시 힘들었지만 선택과 집중의 기회가 있는 성인기에는 자신의 길을 잘 찾아가는 아이들이 있다. 반대로 학교 다닐 때는 사회적이고 친구도 잘 사귀며 겉으로는 아무런 어려움이 없었던 아이들이 성인이 되어 외로움을 견디지 못하고 힘들어하기도 한다. 학교에서는 인정받고 좋은 성취를 이루며 친구들과도 잘 지냈던 아이들이 사회에서 깊은 외로움을 느끼고 너그럽지 않은 경쟁사회에서 도태되곤 한다. 정말 인생사는 물 들어올 때와 나갈 때가 다 다르다.

진료실에서 부모님들이 친구에 대해 걱정할 때 내가 종종 던지는 질문이 있다. 엄마나 아빠는 1년에 친구 몇 번이나 만나세요? 지금 이 글을 읽고 있는 분들에게도 묻고 싶다. 중고등학교 때 친구를 얼마나 자주 만나시나요? 중학교 친구가 아직 남아 있나요? 고등학교 친구랑 지금도 연락하시나요? 많은 분이 학창 시절의 친구들과 좋은 관계를 유지하고 있을 것이다. 반면 또 다른 많은 분이 더는 학창 시절의 친구를 만나지 않을 것이다. 고등학교 때 어른들이 앞으로 고교 시절 친구 같은 관계는 잘 없을 거라고, 그만큼 중요한 관계라며, 그것이 마치 인생의 진리인 듯 이야기를 해서 많이 불안했다. 더 이상 좋은 친구들이 생기지 않는다면 나는 친구가 없는 것이나 마찬가지인데 어쩌나 하고 무서웠다. 25년도 넘게 세월이 흐른 지금은 더 이상 그런 말들에 불안해하지 않아도 된다는 것을 깨달았다. 마치 고3이 네 인생에서 가장 중요한 시기라고 말하는 것과 같은데, 사람에 따라 그럴 수도 있고 아닐 수도 있는 문제임을 잘 알고 있다. 대학에 가서도 사회에 나와서도 좋은 사람은 얼마든지 있고 그 들과 훌륭한 관계를 맺을 수 있다. 집단을 이루는 사회성이 아니라 개인과 관계하는 능력이 있으면 된다.

사회성은 사전적으로 남과 사귀거나 집단생활 하는 것을 좋아하거나 잘해나가는 능력, 사회에 관련된 성질, 집단을 만들어서 생활하려는 기본적인 특성을 의미한다. 우리가 사회성이라고 목청 높여 중시하는 것이 바로 집단 안에서 잘해나가는 능력이다. 다행히 고등학교를 졸업하면 집단은 축소되고 개인이 더 중시된다. 물론 조직사회에 들어가면 다시 집단이 중시되지만, 부서별로 나뉘는 것이니 학교보다는 작은 집단이고 훨씬 더 편안하다. 그렇다면 개인과 관계하는 능력은 어떻게 키울 것인가.

친구도 좋지만 더 중요한 것은 자신이다

친구는 매우 중요하다. 아동·청소년기에 또래관계는 발달에 필수적이라고 해도 과언이 아니다. 그런데 그 필수적인 친구를 사귀지 못하는 아이들은 어떻게 해야 하는 것인지 고민해볼 필요가 있다. 일부 독자는 이미 예상하고 있을 것이다. 가족의 힘을 얕봐서는 안 된다. 글 첫머리에 언급했지만 예전에는 대가족 안에서 많은 형제와 살다보니 사회성이 조금 떨어져도 그런대로 땜질이 되었다. 느리고 답답하고 종종 이기적이라고 여겨져도 가족이다보니 이해하면서 이렇게 끌고 저렇게 끌어 인간관계를 겪으면서 성장할 수 있었다. 항상 긍정적인 결과만 있는 것은 아니었다는 사실이 뼈아프지만 말이다. 지금 부모들은 아이들에게 관심이 많고 공부할 준비도 되어 있다. 아무리 노력해도 내 아이에게 사회성이 모자란다면 더 이상 안 되는 친구 만들기에 매달리는 것보다는 부모가 아이에게 양질의 관계를 주는 데 집중하는 것이 좋다. 친구 없는 것이 아이의 모자람이 아닌 독특함 때문임을 인정하고 받아들이며 쓰다듬어주면 아이도 타인을 인정하고 받아들이는 법을 배우게 된다. 많이 느려서 답답하겠지만 아이는 자기만의 속도로 커나갈 것이고 덤으로 높은 자존감과 자신을 사랑하는 법까지 장착하게 될 것이다. 덤이 본품보다 가치 있다는 것은 두말할 필요가 없다. 학업에서 최상의 성취를 내고 있는 젊은이들이 오히려 자존감이 낮을 때가 많다. 자신의 좋은 학업상의 결과를 운이 좋아서라고 이야기하는 명문대 학생을 만나는 것은 어렵지 않다. 남들이 다 부러워할 만한 학교에 다니면서도 자신은 아무것도 아니라는 듯 말하는 학생들을 보면 슬프다 못해 화가 날 지경이다. 무엇 때문에 저 반짝거리는 청년들이 자신을 밑바닥까지 끌어내리게 된 것인지 답답하다. 어쩌면 저 성취를 이루면서 한 번도 칭찬받지 못한 것은 아닐까 하는 생각이 든다. 99점을 받아도 1점을 놓친 건 너의 부주의함과 노력 부족이라는 채찍질을 받았나 하고 속절없이 고민만 하게 된다. 내가 보기엔 대견하고 부럽기까지 한 청년들이 스스로 불행해하며 고통밖에 느껴지지 않는 인생을 왜 살아야 하는지 끊임없이 묻는다. 그럴 때마다 사회성이고 공부고 다 필요 없고 스스로를 사랑하고 인정하는 법을 배우는 것이 가장 먼저 라는 생각이 든다.

사실 이것이 하고 싶은 말이다. 사회성은 중요하다. 그러나 가장 가치 있고 필요한 것은 자기 자신임을 확실히 한 후에 사회성을 고려해야 한다. 이기적이고 나만 아는 사람이 되라는 것이 아니라 내가 중요해서 남도 중요함을 깨우치는 것이 올바른 사회성의 시작이고 끝이라고 감히 말하고 싶다.

아이를 키우는 것도 요즘은 플렉스가 대세다. '나는 이렇게 해서 명문대를 보냈다. 우리 집 아이는 이렇게 해서 성공했다. 이러면 친구가 많아진다.' 서점에 가면 이런 책들이 즐비하다. 이래라저래라 하는 책이 왜 이렇게 많은 걸까. 마치 내가 아무것도 안 하고 무관심해서 우리 아이는 친구도 없고 공부를 못하는 것 같은 죄책감을 안겨준다. 왠지 부모한테 잘못을 뉘우치라는 압박감을 준다. 가만히 생각해보면 나라고 성공한 부모들과 다르게 아이를 키운 것은 아니다. 사실 아이에게 들인 공이 누구보다 덜하지 않았다. 태교부터 시작해서 문화센터, 짐보리, 가베, 상담센터, 병원 등 할 만큼 했다. 해도 해도 안 됐다면 버려라. 그래도 된다. 이제는 공략하지 않았던 부분을 바라봐야 할 때다.

설마 이럴 줄은 몰랐지만 앗 하는 사이에 나도 부모가 되어 있었다. 아마 너무 바쁘게 사느라 결혼하고 임신하고 출산하는 과정들에 저항하지 못했던 것 같다. 그때 조금만 덜 힘들었어도 에너지 있게 독신을 주장하지 않았을까 하고 때늦은 상념에 빠지기도 한다. 대학병원에서 늘 밤새우는 인턴만 하지 않았더라도, 울면서 징징댈 수 있었던 미래 남편감만 옆에 없었더라도 지금의 모습과는 다른 인생을 살고 있었을지도 모르겠다. 아니 세상에 부모라니, 이런 말도 안 되는 어려운 길을 택하다니, 잠시 해리 상태여서 현실 감각이 떨어진 채로 선택을 했던 것이 틀림없다. 그렇다고 딱히 후회하느냐 하면 그건 아니다. 글을 쓰는 지금도 끊임없이 옆에 와서 말을 걸고 이것저것을 요구하며 엄마를 찾는 나의 아이들이 없는 삶을 이제는 상상하기가 어렵다.

지금까지 해왔던 일 들 중에 가장 어려운 게 무엇이냐는 질문을 받는다면 0.1초도 고민 없이 대답할 수 있다. 육아다. 육아는 천국과 지옥을 실시간으로 왕복하는 정차와 하차가 없는 고속열차다. 아이가 정상발달을 하면 그나마 괜찮은데 조금이라도 평균에서 벗어난 것처럼 보이면 지옥행은 따놓은 일이다. 세계대전이 일어나도 내 아이의 일보다는 신경이 덜 쓰일 지경이다. 집에서도 진료실에서도 크고 작은 어려움을 겪는 아이들을 만나면서 늘 되새기는 것은 지금 내 눈을 바라보고 웃어주는 아이에게 감사하자는 다짐이었다. 종종 이런 마음은 손가락 사이로 빠져나가는 모래가 되지만 그래도 항상 잊지 않으려 하고 내 욕심 때문에 아이를 외롭게 하지 않으려고 한다. 적어도 내 아이가 자기 때문에 엄마가 슬퍼한다거나 자기를 못마땅하게 여긴다거나 하는 느낌을 받지 않도록 노력한다. 밖에서 무슨 일이 있더라도 엄마 품에서 울 수 있으니 집에 돌아가서 울자며 힘낼 수 있는, 신뢰를 주는 부모가 되고 싶다. 엄마가 걱정할까봐 자신에게 일어난 슬픈 일을 숨기게 하지 않고 모자란 부분은 인정하며 좋은 점을 키워주는 부모가 되기를 희망한다. 이런 작은 다짐들로 스스로를 다스리면 열 번에 한 번은 소리를 덜 지르는 엄마가 될 수 있을 것만 같다.

　각자 타고난 기질과 깜냥과 힘만큼 살아간다. 아이도 부모도 처음 걷는 인생길이고 처음 맡은 역할이라 어수룩하고 서투르다. 행운의 별이 함께해서 모두 부러워하는 능력을 타고나면 좋겠지만 단지 희망 사항일 뿐이다. 아이가 평균과 다르다고 해서 부모의 잘못은 아니다. 아이의 문제는 더더욱 아니다. 그저 세상에 날 때 받아온 숙제의 양이 우리 모두 다를 뿐이다. 조금 과격하게는 하느님이 계신다면 그분과 따질 일이지 우리가 뭔가 잘못했는가 따지며 죄책감에 빠질 사안은 아니다. 그저 내게, 우리에게 주어진 숙제를 할 수 있는 만큼 열심히 하면서 우리 아이들과 행복한 시간을 보내면 될 일이다.

참고문헌

1장

노경선, 『아이를 잘 키운다는 것』, 예담, 2007

Freud S. *The Ego and the Id*. London: Hogarth Press; 1961.

Harlow H. Total social isolation in monkeys. *PNAS*. 1965;54:90-97.

Kohut H. Forms and transformations of narcissism. *J Am Psychoanal Assoc*. 1966;14:243-272.

Rosenthal DA, Gurney RM, Moore SM. From trust on intimacy: A new inventory for examining Erikson's stages of psychosocial development. *J Youth Adolesc*. 1981;10:525-537.

Ainsworth M. The development of infant-mother interaction among the Ganda. In: Foss BM, editor. *Determinants of infant behavior II*. London: Methuen; 1967.

Winnicott D. Ego distortion in terms of true and false self. In: Winnicott D, editor. *The Maturational Process and the Facilitating Environment: Studies in the Theory of Emotional Development*. New York: International Universities Press; 1960.

2장

Novick J, Novick KK. *Emotional Muscle: Strong Parents, Strong Children*. Bloomington: XLibris Publishing; 2010.

Novick J, Novick KK. *Fearful Symmetry: The Development and Treatment of Sadomasochism*. Northvale: Jason Aronson; 1996.

Winnicott, DW. The Theory of the Parent-Infant Relationship. *Int J Psychoanal*. 1960;41:585-595.

Novick KK, Novick J. *Working with Parents Makes Therapy Work*. New York: Jason Aronson; 2005.

Steiner J. Seeing and Being Seen: Narcissistic Pride and Narcissistic Humiliation. *Int J Psychoanal*. 2006;87:939-951.

Bion, WR. The psychoanalytic study of thinking. *Int J Psychoanal*. 1962;43:306–310.

Galatzer-Levy RM. Science and Psychoanalysis: An interview with Robert Emde. Part I. *The American Psychoanalyst*. 2017;51:5-20.

3장

곽윤정, 『내 아이를 위한 두뇌 발달 보고서』, 지식너머, 2013

김붕년, 『내 아이의 평생행복을 결정하는 아이의 뇌』, 국민출판, 2012

김효원, 『육아상담소 발달』, 물주는아이, 2017

데이비드 월시, 『스마트브레인』 천근아, 이은하 옮김, 비아북, 2012

박솔, 『뇌과학으로 사회성 기르기』, 궁리, 2017

서유현, 『엄마표 뇌교육』, 아이트리, 2010

셀마 H. 프레이버그, 『마법의 시간 첫 6년』, 반건호·박준헌·진세영·반영혜 옮김, 아침이슬, 2017

윤신애·최성미, 『아이는 경험으로 자란다』, 컨텐츠조우, 2019

이시형, 『아이의 자기조절력』, 지식채널, 2013

이상신·유병국·김양태·김희숙, 「안와전두피질의 기능」, 『생물정신의학』 2007;13:36-44.

Midgley N, Vrouva I, editors. *Minding the child: Mentalization-based interventions with children, young people and their families.* New York: Routledge; 2013.

National Institute of Mental Health, *The teen brain: 7 things to know.* NIH Publication 2020;20-MH-8078.

Ponti M, Bélanger S, Grimes R, Heard J, Johnson M, Moreau E, et al. Screen time and young children: promoting health and development in a digital world. *Paediatr Child Health* 2017;22:461–477.

Rizzolatti G, Craighero L. The mirror-neuron system. *Annu Rev Neurosci,* 2004;27:169-192.

Selemon LD. A role for synaptic plasticity in the adolescent development of executive function. *Transl Psychiatry* 2013;3:e238.

The Child's Developing Brain. Available at: www.nytimes.com/interactive/2008/09/15/health/20080915-brain-development.html. Accessed October 31, 2020.

4장

김효원, 『육아상담소 발달』, 물주는아이, 2017

Selman, RL, The development of social-cognitive understanding: A guide to educational and clinical practice. In: Linkona T, editor. *Man and morality*, New York: Holt, Rinehart & Winston; 1976, 299-317.

5장

Vygotskij LS, Riber RW, Minick N. *The history of the development of higher mental functions.* New York: Plenum Press; 1997.

Bukowski WM, Newcomb AF, Hartup WW, edtors. *The company they keep: Friendships in childhood and adolescence.* New York: Cambridge University Press; 1998.

Erikson EH. *Identity: Youth and crisis.* New York: WW Norton & Company; 1968.

American Psychiatric Association. *Diagnostic and Statistical Manual of Mental Disorders (DSM-5Ⓡ).* Arlington: American Psychiatric Publishing; 2013.

Luft, J, Ingham H. The Johari Window: a graphic model of awareness in interpersonal relations. *Human Relations Training News.* 1961;5:6-7.

6장

나탈리 르비살, 『청소년, 코끼리에 맞서다』, 한울림, 2011

난다, 『어쿠스틱 라이프』, 문학동네, 2020

S. 페인스타인, 『부모가 알아야 할 청소년기의 뇌 이야기』, 지식의날개, 2008

성소수자부모모임, 『커밍아웃 스토리: 성소수자와 그 부모들의 이야기』, 한티재, 2018

James Windell, 『10대 청소년의 사회성 기술』, GTI 코리아, 2013

하비 대니얼, 『학교 적응 사회적 기술』, 시그마프레스, 2016

허5피6, 『여중생A』, 비아북, 2017

Rosso IM, Young AD, Femia LA, Yurgelun-Todd DA. Cognitive and emotional components of frontal lobe functioning in childhood and adolescence. *Ann N Y Acad Sci,* 2004;1021:355-362.

Blakemore SJ, Choudhury S. Development of the adolescent brain: Implications for executive functions and social cognition. *J Child Psychol Psychiatry* 2006;47:296-312.

Durlak JA, Weissberg RP, Dymnicki AB, Taylor RD, Schellinger KB. The Impact of Enhancing Students Social and Emotional Learning: A Meta-Analysis of School-Based Universal Interventions. *Child Dev.* 2011;82:405-432.

7장

대국민 공개 강좌,「왕따 학교폭력이 없는 세상」, 대한소아청소년정신의학회, 2012

학교폭력실태조사, 교육부(https://www.moe.go.kr), 2019

아동종합실태조사, 보건복지부(http://www.mohw.go.kr), 2018

전국 학교폭력 실태조사, 푸른나무재단(http://btf.or.kr), 2019

프레드 프랑켈,『무심한 엄마가 왕따 아이를 만든다』, 김선아 옮김, 조선앤북, 2012

Craig WM, Pepler D, Atlas R. A peek behind the fence: Naturalistic observations of aggressive children with remote audiovisual recording. *Dev Psychol*, 2000;31:548.

Hodges EV, Perry DG. Victims of peer abuse: an overview. Reclaiming Children and Youth. *J Emot Behav Disord*, 1996;5:23-28.

Bosworth K, Espelage DL, Simon, TR. Factors associated with bullying behavior in middle school students. *J Early Adolesc*, 1999;19:341-362.

아이들이 사회를 만날 때

ⓒ 대한소아청소년정신의학회

1판 1쇄 2021년 3월 15일
1판 4쇄 2023년 6월 12일

지은이 이현정 김양석 문덕수 김효원 김현진 송숙형 권국주 송지혜
기획 대한소아청소년정신의학회
펴낸이 강성민
편집장 이은혜
마케팅 정민호 박치우 한민아 이민경 박진희 정경주 정유선 김수인
브랜딩 함유지 함근아 박민재 김희숙 고보미 정승민
제작 강신은 김동욱 임현식

펴낸곳 (주)글항아리 | 출판등록 2009년 1월 19일 제406-2009-000002호

주소 10881 경기도 파주시 심학산로 10 3층
전자우편 bookpot@hanmail.net
전화번호 031-955-8869(마케팅) 031-941-5159(편집부)
팩스 031-941-5163

ISBN 978-89-6735-876-1 03180

이 책의 판권은 대한소아청소년정신의학회와 글항아리에 있습니다.
이 책 내용의 전부 또는 일부를 재사용하려면 반드시 양측의 서면 동의를 받아야 합니다.

잘못된 책은 구입하신 서점에서 교환해드립니다.
기타 교환 문의 031-955-2661, 3580

www.geulhangari.com